最高裁に告ぐ

最高裁に告ぐ

岡口基一
Okaguchi Kiichi

岩波書店

プロローグ

最高裁判所大法廷は、二〇一八年一〇月一七日、東京高等裁判所判事である私を戒告処分とする決定を下した。

本書は、現職の裁判官が自らの受けた戒告処分という具体例を用いて最高裁を批判するという、おそらく過去にほとんど例のないものである。

後にもくわしく説明するが、「品位を辱める行状」があった裁判官は、「分限裁判《ぶんげん》」によって戒告または一万円以下の過料に処せられる。

分限裁判は、対象となる裁判官の所属する裁判所が、その上級裁判所に申し立てる。私は、東京高裁に所属しているため、私に対する分限裁判は、東京高裁が、上級裁判所である最高裁に対して申し立てた（以下、この分限裁判を「岡口分限裁判」という）。この申立てに対し、最高裁は、私に「品位を辱める行状」があったと認めて、私を戒告処分とする決定をしたものである[1]（以下、この決定を「岡口分限決定」という）。

もっとも、岡口分限裁判を批判的に解説したというだけでは、本書にそれほど読む価値はないと思われるかもしれない。また、本書執筆の動機を戒告処分に対する私憤と受け取る人もいるかもしれない。

しかし、岡口分限裁判を分析することで裁判所を取り巻く問題が可視化される。この分限裁判が提起されるに至った経緯や、そこでの手続・事実認定を知ると、様々な論点がみえてくるのである。

それでは、岡口分限裁判で扱われた事案とは何か。それは、裁判官があるツイート（左頁参照）をしたという、至極シンプルなものである。

このツイート（以下、「本件ツイート」という）で紹介されているのは、朝日新聞社が運営する犬猫ペット情報関連のウェブサイト「sippo」の記事で、同記事は個人情報を匿名にしたうえで、過去の裁判を取り上げている[2]。その裁判とは、公園に放置されていた犬を拾って育てていた者に対し、放置から約三カ月後に元の飼主が名乗り出て犬の返還を求めたが、返還を拒否されたため訴訟を提起したというものである。

本件ツイートをした裁判官である私は、先述のとおり、分限裁判にかけられ、「品位を辱める行状」があったとの理由で戒告処分となった。

ここでいう「品位を辱める行状」とは、最高裁の岡口分限決定によると、「職務上の行為であると、純然たる私的行為であるとを問わず、およそ裁判官に対する国民の信頼を損ね、又は裁判の公正を疑わせるような言動」のことである。

この画像は，分限裁判の証拠とされたツイートを著者のツイッターアカウント凍結後に再現したものである．

また、最高裁判所事務総局総務局編の『裁判所法逐条解説（中巻）』（一九六九年、法曹会）によると、具体的にいかなる行状が「品位を辱める行状」に当たるか、一概にいうことは困難であるが、それにより世人の裁判官に対する信頼、ひいては裁判制度そのものに対する信頼の念を危うくするかどうかで決すべきという。

同書では、たとえば、事件の関係人

と酒席をともにするようなことが「もっとも顕著な例」とされている。

ところで、司法の独立を確保するため、裁判官は、憲法によって、その独立および身分の保障がされている。

裁判官の独立を保障しているのは憲法七六条三項であり、「すべて裁判官は、その良心に従ひ独立してその職権を行ひ、この憲法及び法律にのみ拘束される」と規定されている。

また、裁判官の身分保障を定めているのは憲法七八条であり、裁判官は弾劾裁判によるのでなければ罷免されないことなどが規定されている。

戒告というのは公務員に対する懲戒処分の一つだが、裁判官は、これらの保障がされているから、一般公務員とは異なり、戒告処分がされるのはよほどの場合に限られる。

比較的最近の事例では、電車内で痴漢行為をした裁判官や、司法修習生にセクシャルハラスメントをした裁判官が戒告処分となっている（過去の裁判官の戒告処分をまとめたものとして山中理司弁護士のブログがある(3)）。

そのため、裁判官が自ら関与していない裁判の記事をツイートしたことが「品位を辱める行状」に当たるとして戒告処分になったケースはきわめて異例といえる。各メディアで報じられたように、インターネットの投稿をめぐって裁判官が戒告処分を受けるのは初めてであった。

やがて、岡口分限裁判の内容や手続が具体的に明らかになると、最高裁が行った、その手続保障や事実認定のありかたに関して、様々な疑問が呈されることになった。

いまや、日本中が急速に劣化しているといわれ、自動車メーカーにおける検査不正、素材メーカーにおける品質データの改ざんなど、日本を代表する大企業で不祥事が相次いでいる。公文書の隠蔽・改ざん、統計のごまかし、国会答弁における「記憶にない」発言の連発など、国民全体の奉仕者であるはずの官僚のモラルハザードも進んでいる。

障害者の雇用数を中央省庁、各地方自治体が水増ししていた問題では、少数者の権利を守る砦であるべき日本中の裁判所において、四二九人もが水増し計上されていたことが判明した。ところが、責任者は誰一人として戒告処分にならなかった。

政・官・財と日本のあらゆる領域で「劣化」を目の当たりにするこの時代に、最高裁判所だけが無傷でいられるはずがない。最高裁はいまどうなっているのか。本書によって、それをあなた自身で確かめてほしい。

（1） 最高裁二〇一八（平成三〇）年一〇月一七日大法廷決定（民集七二巻五号八九〇頁）。本書巻末に全文を収録。http://www.courts.go.jp/app/files/hanrei_jp/055/088055_hanrei.pdf

（2）　太田匡彦「放置された犬を保護して飼育　3カ月後に返還要求、裁判に発展」sippo（二〇一八年五月一六日付）。 https://sippo.asahi.com/article/11544627

（3）「分限裁判及び罷免判決の実例」弁護士山中理司（大阪弁護士会所属）のHPより。 https://www.yamanaka-law.jp/cont3/80.html

目　次

プロローグ

第Ⅰ部　前史——私はいかにしてＳＮＳを始めたのか……1

1　法律情報ポータルサイトを立ち上げる……2
2　ＳＮＳ雑感——自分を「落とす」仕掛け……8
3　白ブリーフ判事と呼ばれるまで……15
4　二度目の厳重注意処分……19
5　ツイッターをやめるか、それとも、裁判官を辞めるか……24
6　ひとつの背景——裁判官訴追委員会の動き……35

第Ⅱ部　「分限裁判」とは何だったのか……39

1　そして、裁判が始まった……40
2　当事者となって知った手続保障の現実……49
一　漠然とした申立て……50　二　役割を放棄した最高裁……58
3　弁護団とともに審問期日へ……62

4　記者会見に臨む――「不意打ち」のあとで……68
5　全員一致の決定……73
6　分限決定を見る……81
一　不可思議な事実認定……81
二　ツイッターの特性に対する無理解……91
三　スルーされた「表現の自由」と「裁判官の独立」……96
四　「ちゃぶ台返し」の補足意見……104
7　非公開で行われた裁判……111

第Ⅲ部　変貌する最高裁、揺らぐ裁判所……115
1　続出していた不可思議な判決……116
2　静かに進行する最高裁判事の「王様」化……131
3　「王様」化をもたらす内部的要因……137
一　最高裁における憲法判断の手法……137
二　多忙ゆえの省略？……141
4　最高裁判事はどのように選ばれているか……144

5　「裁判官ピラミッド」で起きていること……154
6　監視・批判勢力はいま……162

第Ⅳ部　「司法の民主的コントロール」は可能か？……171

1　裁判所の組織防衛術……172
2　裁判官の「真の信頼」のために……185

エピローグ……195

巻末資料　最高裁「岡口分限決定」全文
（二〇一八（平成三〇）年一〇月一七日大法廷決定）

＊本文中、判例集や法令、通達等は一般的な略称に基づいて記載した。

第Ⅰ部

前史——私はいかにしてＳＮＳを始めたのか

1　法律情報ポータルサイトを立ち上げる

インターネット草創期に

第Ⅰ部では、岡口分限裁判に至るまでの経緯を明らかにしたい。

時は、私がインターネットでの情報発信を始めた一九九九年まで遡る。ようやく一般家庭にもネット接続が普及し始めた頃であり、「ブログ」という概念はまだなく、グーグルの日本語版検索サービスも始まっていなかった。

私は、その頃、東京地方裁判所の知的財産権部に所属しており、仕事が終わった午後五時以降に、裁判所事務官を集めて書記官試験に向けた勉強会を開いていた。その参考答案を自宅でダウンロードすることができるよう、ホームページを立ち上げたのが始まりである。

当時は、個人がネットで情報発信をするためには、「ホームページビルダー」などのソフトを使ってHTML文書を作成し、それをネット上のレンタルスペースなどにアップするしかなかった。法曹の中でも、ホームページを開設していたのは、私の知る限りでは、岡村久道弁護士、関根稔弁護士、小松亀一弁護士、小倉秀夫弁護士くらいであった。

その後、私は、知的財産権部の部総括判事から判決書の仮名処理(当事者名等の個人情報の削除)を自動化できないかと相談され、そのための一太郎マクロ(一太郎ソフト内でのプログラミング)を作成した。それを契機に法曹向けのフリーソフトをいくつもつくるようになったため、それらを先のホームページでダウンロードできるようにした。

すると、裁判所職員の中に、私と同じように事務処理を効率化するための一太郎マクロをつくる方が現れ始め、そのことは、裁判所書記官「たちばなひかる」さんのブログの「パソコンと白ブリーフ裁判官」という記事の中でも触れられていた。

このホームページは、匿名で開設していたにもかかわらず、裁判所書記官や法曹関係者に評判となり、その開設者が私であることも多くの人が知るようになっていた。私は、『要件事実マニュアル』のシリーズ(全五巻、ぎょうせい)をはじめ法曹向けの書籍の著者であり、私の名前自体は知る人も多かったが、その著者である裁判官によるホームページであることが狭い業界において口伝えに拡がっていったのである。

しだいにホームページの閲覧者が増えていったため、私は、トップページで様々な法曹関係の情報を紹介するようにした。新しい法律が施行されたことや法曹必読の法律書が新たに出版されたことなどである。

まだ検索サービスも初期の段階であったし、ウェブサイトも少なかったため、法曹関係の情報をネットで効率よく集めることができなかった時代である。私は、「ｌｃネット」というＩＴにくわしい法曹のコミュニティに属しており、また、「はてなアンテナ」などのネット上の情報収集手段を早くから使っていたため、毎日、様々な法曹関係の情報を入手しており、それを、他の法曹の方々にもいち早く伝えようと思ったのである。

その後も、法曹向けのリンク集、法律用語の解説、要件事実の基礎理論を掲載するなど、ホームページの内容を充実させていったところ、閲覧者は増える一方であり、「総合的な法律情報ポータルサイト」として、法曹関係者に広く知られるようになった（その一部は現在まで続いており[1]、すでに一三四七万アクセスを超えている）。

裁判所当局の意外な反応

私は、さらに、そのホームページ上で、全国の裁判所事務官のために「書記官試験に合格するための勉強会」も行うようになり、また、全国の司法修習生のために「司法研修所の卒業試験に合格するための要件事実の勉強会」を開くようになった（「要件事実」およびその教育については第Ⅲ部5章で詳述する)。いずれも問題を出題し、一カ月後に、その参考答案と解説を載せるというものであった。前者は、全国の裁判所事務官が個人的に利用していたことに加えて、いくつかの裁判所では内部の勉強会で用いられた。後者は、全国の司法修習生が利用していたのみならず、当時発足したばかりの法科大学院の実務家教員らから授業で扱いたいとの申し出もあったので、私はよろこんで承諾した。

当時の法曹がいかにこのホームページを重宝していたか、たとえば、原禎嗣《よしつぐ》・山梨学院大学法学部教授はご自身のブログ「日記的 weblog」で「法律情報ポータルサイトとして唯一無二の存在だった」と述べている。(2)

私は、このポータルサイトは、業界に対する貢献度が大きいことから、さぞかし裁判所当局もよろこんでくれているだろうと勝手に思っていた。

ところが、それは完全な思い違いであり、裁判所当局からすれば裁判所職員によるネットでの情報発信など言語道断であった。裁判所だけではなく、他の省庁も同様である。現在でも国家公務員がホームページやブログを開設している例はほとんどなく、たとえば、ある検察幹部によると、検察官が私のような情報発信をすると「〝空気のおいしいところ〟に行ってもらうことになるだけ」だそうである。(3)

これを認めると役所の内部情報がその職員を通じて外部に流出するというリスクもある。職員によるネットでの情報発信はその内容の如何を問わずやめさせるのが、一番手っ取り早く、かつ間違いのない方法であるというのが、役所の当局者の考えなのであろう。要するに「事なかれ主義」である。

私がホームページを始めた後、数人の裁判所職員がそれに続いたが、発信者が誰であるかが当局に把握されたとたんにそれが閉鎖されることが繰り返された。ある家庭裁判所調査官は、少年や家事事件についての一般的な話題などをブログに記載し始めたが、その存在を当局に把握されるや、次席調査官室に何度も呼ばれネチネチと嫌みを言われ続け、結局ブログは閉鎖となった。ドイツ留学中に現地の観光地紹介などのブログを始めた裁判官も、裁判所内で評判になったとたんにブログの公開をやめたという。裁判所書記官「たちばなひかる」さんのブログもいまはもうない。

ある裁判所当局者は、私に対しては、異動という交換条件までちらつかせてきた。私を個室に呼び出し、私のホームページには問題があるという話をひとしきりしたうえで、知的財産高等裁判所への異動に尽力してもよいと切り出し始めたのである。私が知的財産高等裁判所に行きたがっていることを知っての発言である。裁判所当局は、いや、日本の官公庁は、そこまでしても、所属職員による情報発信をやめさせようとするものなのである。

(1) はてなダイアリー「ボ2ネタ」。http://d.hatena.ne.jp/bo2neta/(なお、二〇一九年一月にはてなダイアリーが終了したため、現在は、はてなブログに移行している。https://bo2neta.hatenablog.com）

（2）日記的 weblog より。http://hss.sakura.ne.jp/weblog/log/eid360.html

（3）「〈ニュースの深層〉白ブリーフ姿に隠語投稿の東京高裁裁判官、厳重注意後も活発ツイート　表現の自由と品位の狭間が悩ましい問題に」産経ニュース二〇一六年一二月二〇日付。https://www.sankei.com/premium/news/161220/prm1612200003-n2.html

2　SNS雑感——自分を「落とす」仕掛け

ホームページからツイッターへ

法曹向けの総合ポータルサイトとして広く知られていた私のホームページであるが、そのコメント欄に東大法学部卒の無職の男が私に対する殺人予告を書き込むという事件が発生した。その犯人は逮捕され有罪となったが、警察による自宅付近のパトロールが数カ月も続くなど周囲に迷惑を掛けたことから、私は、裁判所当局の示唆も受けて、このホームページを閉鎖することとした。これは二〇〇八年のことである。

すでに時代はホームページやブログからツイッターなどのSNSへと移行しつつあった。そこで、私は、とりあえずフェイスブックとツイッターを始めることにした。

もっとも、私のように一〇年近く前から本格的なホームページを運営していた者からすると、一四〇字しか記載できないツイッターというのは、まともな情報発信の場とは思えなかった。ツイッターが始まったばかりの頃は、大企業などが、ウェブサイトとは別に、親しみをもってもらうための「くだけた場」として利用しており、現在でも、たとえば電機メーカーのシャープが公式アカウントで「ちょ wwwww おれ wwwww 公式垢じゃん wwwwwwwwww」とつぶやくなど(1)、公式のウェブサイトとは毛色の異なる「ゆるい」ツイートを発信するところもある。

私も、法曹向けの総合ポータルサイトによってネット上では有名になっている状況で、このゆるゆるの場に参入するのであるから、真の意味で仲間に入れてもらうためには、「安全地帯」にいる自分を思いっきり「落とす」ための仕掛けが必要であると考えていた。ゆるゆるの場に裁判官が現れて「上から目線」でツイートをしたところで反感を買うだけであって、フォロワーが増えるとはとても思えなかったからである。そんな時に芸人のハリウッドザコシショウさんがツイッター上で黒ブリーフ一丁姿を晒《さら》していたのが私の目にとまった。

また、それまで、完全に匿名で法律情報ポータルサイトを運営していたのにもかかわらず、ほぼ誰もが私のサイトであると認識していたことから、私の場合、匿名というのはほとんど意味がないと思っていた。そこで、実名のアカウントとしたが、あくまでもプライベートでやるものであるから、プロフィールの職業欄には何も記載しなかった。出身大学名も記載しなかったが、出身高校名(大分県立高田高校)は記載した。全国的にはまったく無名の母校を少しは世に知らしめたいという思いからである。

やがて、橋下徹大阪府知事（当時）がツイッターでの情報発信を始めた二〇一一年頃から、ツイッターという場が変容したというのが私の認識である。現在ではトランプ大統領に代表されるように、むしろツイッターが主たる情報発信の場となっている。もっとも、古くからの情報発信者からすれば、一四〇字しかつぶやけないツイッターは、頭に浮かんだことをその場の勢いでつぶやくような場所でしかないという思いは、現在でも変わりがない。

発掘されたツイート

さて、裁判所当局は、私が二〇〇八年にツイッターを始めたことを把握するや、これをやめさせようとした。

裁判官は一〇年ごとに再任されるが、私は二〇一四年四月に二〇年目の再任となり官記（任命書）を受け取った。そこで、その官記の画像とともに「これからも、エロエロツイートとか頑張るね」などとつぶやいたのだが、自分の職業が判明するツイートはしないという、私自身で決めていたツイート方針に反することに気付き、すぐに削除した。

ところが、裁判所当局は、これをツイログから「発掘」し、ツイッター上にはわずかな時間しか存在しなかったこのツイートをネタに、私を責めるようになった（最高裁も、岡口分限決定において、四年以上も前のこのツイートについて、分限裁判の対象になっていないにもかかわらず、あえて前文で長々と説明をし、さらに、別紙を使ってその全文を掲載するという手の入れようである)。

私は、当時、ツイログの存在を知らなかったのだが、これは、私がツイッターでつぶやいたことがそのまま自動的に転載されて保存されているサイトである。そのため、削除したツイートもツイログには残っているのである。

それ以来、私は、何度も東京高裁事務局長室に呼ばれて、私の様々なツイートについて、これはどういう趣旨でつぶやいたのですかなどとチクチクと責められるようになった。たとえば、私が関与していない東京高裁の判決が法律雑誌に掲載されて学者から批判されていたので、その判決について批判的にツイートしたときなどである。ホームページを始めた家庭裁判所調査官が次席調査官室に度々呼ばれたことは前述したが、それと同じことが私にも行われ始めたのである。そして、裁判所当局は、私的なツイートについて事細かに追及することがパワハラに当たるという認識をいまなおもっていない。

東京高裁の事務局長室には、私の過去の何万件というツイートがプリントアウトされた書類があり、それには、付箋がいくつも貼られ、マーカーがあちこちに引かれていた。これを作成した担当者の仕事熱心さには頭が下がるばかりである。

ちなみに、私は、ツイッター上で自身の白ブリーフ一丁の画像を何度もアップしたことから、次章で触れるようにマスコミから「白ブリーフ判事」などと呼ばれるようになったが、このことについては、裁判所当局から何の言及もなく、責められたことも一度もない。

二年後の厳重注意処分

そして、ツイログでの「発掘」から二年以上も経過した二〇一六年六月二一日、戸倉三郎・東京高裁長官（現在は最高裁判事）は、この発掘ツイートのほか、二つのツイートを対象として、私に対し厳重注意処分を下した。私の過去の何万件というツイートをしらみつぶしに調べたものの、それ以外のツイートからは何の問題も見つからなかったということである。

この二つのツイートのうちの一つは、日本テレビの「二四時間テレビ」の生放送で男性出演者の股間が隆起しているのを他の出演者が笑いながら指摘していたことをつぶやいたものであり、もう一つは、私が行きつけの飲み屋で、面白半分で上半身裸になり胸の回りを縄で二周縛ってもらった画像を載せたものである（なお、岡口分限決定は、このツイートについて、私以外の男性の画像を載せたものであるとの「事実誤認」をしている）。

これらのツイートは、誰かの名誉を毀損したり、プライバシーを侵害したりするような不法行為を構成するようなものではなかったし、また、裁判所職員向けの指針にも何ら抵触していなかった。最高裁判所事務総局人事局能率課による「インターネットを利用する際の服務規律の遵守について」(二〇一二(平成二四)年一月二四日付および二〇一三(平成二五)年七月一九日付)は、自らが関与した事件や、裁判所内部で知り得た職務上の情報をつぶやいたりすることを禁止していたにすぎないものである。

そして、この厳重注意処分はマスコミでも報道された。読売新聞は、他紙に先駆け「裁判官 半裸の画像投稿」などと比較的大きくこれを伝え(二〇一六年六月二七日付夕刊)、デジタル版や翌日朝刊でほか各紙も報じたが、裁判官と名乗っていないプライベートのツイッターで男性が自分の上半身裸の写真を載せることは、それほど非難されるべきことなのだろうか。ツイッターというのは、インターネットにアクセス可能であれば、誰もが閲覧できる状態にあるものではある。しかし、テレビや新聞とは違って、星の数ほどあるアカウントの中で、そのアカウントを自らの意思で見に来なければ基本的に目に入らないものである。

しかし、厳重注意処分に対しては不服申立てをすることができないため、私は、現在に至っても、この厳重注意処分を争うことができないままでいる。

なお、私は、ツイッターにおいて裁判官であることを明らかにしたことは、先述した、すぐに削除したツイート以外には一度もないが、最高裁は岡口分限決定においてそのとおりに認定してくれた。すなわち、岡口分限決定は、東京高裁が私の過去のツイートをしらみつぶしに調べた結果を受けて、私が裁判官であることが判明するツイートは一つしかなかったと認定している。それは、著書の一つ（中村真弁護士と私の対談による共著）(2)に関するツイートであり、ツイートに貼られたリンクの中身まで見れば岡口基一という人物が裁判官であることがわかったというものである。しかし、これとて、ツイートの本文において裁判官であることを明らかにしたものではない。

（1） https://twitter.com/sharp_jp/status/1042979967473147905

（2） 岡口基一・中村真『裁判官！ 当職そこが知りたかったのです。——民事訴訟がはかどる本』二〇一七年、学陽書房。

3　白ブリーフ判事と呼ばれるまで

複雑な心境

厳重注意処分が大きく報道されたことで、私のツイッターアカウントは法曹関係者以外にも知られるようになった。裁判官のアカウントであることを明らかにしていないのに、裁判所当局がマスコミを通して日本中にばらしてしまったといえる。

もっとも、マスコミのバッシングにもかかわらず、私のアカウントは、炎上するどころか、フォロワー数が一気に増加した。

私としては、法曹向けの総合ポータルサイトをしていた頃にそれが広く知られるのであればうれしかったのだが、そうではなく、カジュアルな情報発信の場と位置づけているツイッターのほうが有名になってしまったのは複雑な心境ではあった。

「人は皆平等である」

ところで、ＳＮＳは、これまで遠い存在であった芸能人や著名な学者などを一気に身近な存在にした。他方で、手の届かない別の場所にいて秘密のベールに包まれていたアイドルなどは、その神秘性の源泉を失うことになったのかもしれない。

もっとも、日本では、天皇や皇族がＳＮＳで情報発信をするというところにまでは至っていない。「雲上人《うんじょうびと》」は雲の下に降りてくることができないのである。これに対し、イギリスでは、王室ファミリーの大半がツイッターまたはインスタグラムによる情報発信に力を注いでいる。

私は、大分県豊後《ぶんご》高田《たかだ》市という田舎育ちで、実家は日本基督教団の教会であった。「人は皆平等である」というキリスト教の教えを小さな頃から植えつけられているからか、ＳＮＳでの情報発信をしない日本の皇族よりもＳＮＳを楽しんでいるイギリスの王室ファミリーに共感を覚えてしまう。

法律の世界も、まさに「人は皆平等」であることが大前提である。そこは「法の支配」が貫徹された場所であり、「特別な人」が特別な扱いを受けるということはない。裁判官自身も、人を裁くという特別な仕事はしているものの、人間自体が特別というわけではなく、そのように思ってはいけないものと考える。裁判員制度も普通の人間が人を裁くものである。

また、裁判官は、「一方当事者は大企業の重役であるから信用できるが、他方当事者はフリーターであるから信用できない」というように、バイアスのかかった評価をしてしまうと、得てして事実認定を間違える。

強い動機や理由があって裁判官になったわけではないのだが、「肩書き」や「見かけ」をさほど重視しない私が裁判官になったのは、ある意味天職であったのかもしれない。

権威なき時代に

日本は、世界的にみても、裁判官が国民から信用されているとされる。しかし、裁判官の仕事の内容が具体的に指摘されて評価されているわけでもないことからすると、単に「雲上人」の一種として崇《あが》められているだけのようにも思われる。そして、社会秩序維持の観点から裁判官はそうした「雲上人」の一種であり続けるべきと考える人もいる。裁判官は、本来、人間として特別とされてはならないのであるが、一般国民に対しては雲上人の一種と思わせておいたほうが秩序維持に役立つということである。

そのような中で、裁判官が、あくまでもプライベートで、ゆるい場であるツイッターに参入したところ、結果として裁判所当局によって裁判官であることが暴露されるという、きわめて珍しい状況が生じたものである。

裁判所当局は、発掘されたツイートに加えて、先述した二つのツイートについて、プライベートなアカウントであるにもかかわらず、「雲上人」にはふさわしくないものであるとして厳重注意処分の対象にした、といえるのかもしれない。しかし、それは必ずしもネット世論の賛同を得られなかったと私はみている。秩序維持の観点から裁判官を「雲上人」の一種として扱うという仕掛けは、すでに国民から見透かされているのではないか。そういえば、かつては「聖職者」のように崇められていた教師も、いまでは「普通の人間」とみなされている。国会議員、警察官なども、昔のような権威はない。

人々は、やがて、私のことを、マスコミのネーミングにしたがって「白ブリーフ判事」と呼ぶようになった。もう少し「雲上人」らしくしたほうがいいのではないかという非難や侮蔑の意味を込めてそう呼ぶ人がいる一方で、裁判官を人間として特別視させないための別の仕掛けを、それこそ体を張ってつくったとの評価の意味を込めてこの呼び名を使う人もいると受け止めている。

4　二度目の厳重注意処分

判決の公開をめぐる裁判所の内規

東京高裁は、二〇一七年一二月一日、強盗殺人および強盗強姦未遂被告事件について、控訴を棄却するとの判決を下し、ほどなく、この判決を最高裁のウェブサイトで公開した。

その主文は、「本件控訴を棄却する」と始まるものであり、また、主文に続く「本件事案と控訴の趣意」において、「本件は、被告人が、自分の将来を悲観して自暴自棄になっていたところ、死ぬ前に、首を絞められて苦しむ女性の姿を見て性的興奮を得たいと思い、…(中略)…という強盗殺人と強盗強姦未遂の事案である」との記載があった。

この判決は、他の判例サイトにおいても、個人情報等が隠されたうえで掲載されている。(1)

刑事判決は、公開の法廷で全文が読み上げられることから、その全部が公開情報となっている。

そこで、裁判所は、なるべく多くの判決を最高裁のウェブサイトで公開しようとしており、それは裁判所による国民向けの情報公開のための取り組みの一つである。

もっとも、最高裁のウェブサイトで判決を公開する際は、当事者の個人情報や当該犯行が起きた場所などの位置情報は完全に隠すことになっているため、その事件の被告人や被害者が誰であるのかなどはわからないようになっている。それが特定の事件の判決であると認識できるのは、その事件についてくわしく知っている者だけであると言えるだろう。私も、上記判決の実際の事件については何もわからず、どこで起きた事件であるかも知らなかった。

第Ⅱ部でもくわしく検討するが、学者や法曹は、個人情報等を隠した判決を、法律上の議論をする際の「題材」として用いるということを長いあいだ続けており、最高裁のウェブサイトでの判決の公開は、学者や法曹による利用をも想定したものである。

なお、二〇一七年二月一七日に、裁判所内部において、下級審判決のうち性犯罪等にかかる刑事判決については公開をしないとの内規がつくられた(「下級裁判所判例集に掲載する裁判例の選別基準等について(事務連絡)」)。しかし、同月以降も、性犯罪等にかかる刑事判決が、全国でいくつも公開されており、それを現在でも最高裁のウェブサイトで確認することができる。また、最高裁の判決については、このような内規がないため、同月以降に言い渡された性犯罪等にかかる刑事判決であっても原則として公開されている。

先述のとおり、刑事判決は、公開の法廷で言い渡されることで、その全部が公開情報となっており、秘匿をする理由は本来ないからである。

東京高裁が上記の強盗殺人および強盗強姦未遂被告事件の判決を公開した理由は、判決の要旨として掲げられたところによると、死体を姦淫した場合に死体損壊罪が成立するかという刑法上の論点についての判断があるからのようである。

書面による処分

最高裁のウェブサイトで同事件の判決を見つけた私は、この論点についての判断が示されたことを、ツイッターおよびフェイスブックで情報提供することにした。フォロワーの多くを占める法曹関係者がこの論点についての東京高裁の判断を知っておいたほうがいいと考えたからである。

そこで、フェイスブックでは、端的に、「死体を姦淫した場合に死体損壊罪が成立するかという刑法上の論点について判断した事例」としてこの判決を紹介し、ＵＲＬのリンクを貼った。しかし、ツイッターでは、「死体を姦淫」という表現をそのまま記載することをためらい、論点の説明ではなく、その事件の内容の説明にとどめた。先述の「本件事案と控訴の趣意」にあった語句を利用して紹介し、そのうえで、判決のＵＲＬのリンクを貼ったものである。当時、私のアカウントのフォロワー数は約三万人であったが、このツイートにコメントをしたフォロワーはいなかった。

すると、それからしばらくして、上記ツイートのコメント欄に、この事件の関係者と思われる方から、「なぜ私達に断りもなく判決文をこのような形であげているのですか？　法律にふれない行為かもしれませんが、非常に不愉快です」という書き込みがあった。私は、不愉快に思われている方がいるのであれば削除したほうがいいと思い、直ちにそのツイートを削除した。なお、フェイスブックについては削除要請がなかったため、現在まで削除されずにそのまま残っている。

その後、事件の当事者の方から東京高裁に抗議文書が提出されたとの情報に接したため、私は、東京高裁が、判決を公開した理由などについて説明をしてくれるものだと考えていた。

間もなく、上記のツイートは新聞報道されるに至り、私は、上記のツイートを理由に二度目の厳重注意処分を受けることになった。今回は口頭ではなく、書面による厳重注意処分である。

吉崎佳弥・東京高裁事務局長は、東京高裁が内規に違反して当該判決を公開したことには触れずに、「現職の裁判官が不適切な行為を再び行ったことは誠に遺憾である」とのコメントを出した（朝日新聞デジタル二〇一八年三月一九日付）。

ここで、このツイートについて改めて私の考えを申し述べたい。

私の意図は、特に法律家のあいだで、裁判に関する重要な論点を共有したいとの思いに尽きる。それゆえに、個人情報や犯行場所の情報がすべて隠された裁判例について、「本件事案と控訴の趣意」から語句を抜き出しつつ、事件を紹介してそのＵＲＬのリンクを貼ったことに対し、当局が厳重注意処分を下したこと、また、この処分に対して何の不服申立ての機会も与えられていないことには納得できない旨をかねてより主張してきた。処分によって、今後、法的な話題提供などにも制限が加えられるおそれがあるからである。

その一方で、事件の遺族の方に不快な思いをさせてしまったことについては重く受け止めている。私なりの事件の要約が、関係者の方にとって配慮を欠くものと受け取られ得るものであったこと、また、くだけた表現も多く含まれる私のアカウント上に、件のツイートが置かれていることなど、想像力が及ばなかった面があるのは事実である。

（1） 東京高裁二〇一七(平成二九)年一二月一日第一一刑事部判決。https://hanrei.saiban.in/d/87297

5　ツイッターをやめるか、それとも、裁判官を辞めるか

長官室に呼び出される

二度目の厳重注意処分の後も、私はフェイスブックとツイッターでの情報発信を続けた。ツイッターでは、くだけた表現も交えつつ、法曹情報の提供を行っていた。この件で表現活動を萎縮していては、自分自身も、また、フォロワーの方々も裏切ることになるのではないかと考えていた。

ところで、プロローグで触れたように、二〇一八年五月一六日、朝日新聞社が運営するウェブサイト「sippo」において、犬の所有権をめぐる裁判の記事が掲載された(1)。個人情報を隠して事例を紹介し、判決の当否を読者に問う内容であったが、元の飼主が犬を「遺棄」したといえるかという法律上の論点があり、法律家からみてもとても興味深い内容であった。

そこで、私は、この記事をフェイスブックおよびツイッターで紹介した(本件ツイート)。フォロワーの多くを占める法曹関係者に、この論点についての考察を深めてほしかったからである。

ところが、事態は意外な展開を見せた。同年五月二一日に東京高裁を訪れた元の飼主の方から、本件ツイートについて抗議があり、これを削除してほしいと求められたのである。この事実は、岡口分限裁判において東京高裁が提出した証拠(二〇一八(平成三〇)年六月一二日付、吉崎佳弥・東京高裁事務局長作成の報告書。以下、「吉崎報告書A」という)からも明らかである。

それから三日が経った同年五月二四日午前一一時、私は、東京高裁長官室に突然に呼び出され、林道晴・東京高裁長官(以下、「林長官」という)から、本件ツイートの文字部分だけを抜き出してプリントアウトしたものを示され、激しく非難された。その場には吉崎佳弥・東京高裁事務局長(以下、「吉崎事務局長」という)と筆記役の裁判所事務官もいたが、そのときのやりとりも、やはり岡口分限裁判で東京高裁が提出した証拠(二〇一八(平成三〇)年七月四日付、吉崎事務局長作成の報告書。以下、「吉崎報告書B」という)にくわしく記載されている。

この報告書にも記載があるとおり、林長官は、私が実際の事件の判決の内容を確認することなく本件ツイートをしたことについて激しく非難した。しかし、当事者の氏名も、事件が係属した裁判所名も、事件番号もわからない過去の判決であるから、いくら私が裁判官であっても、実際の事件の判決を見ることができるはずがない。そのため、私は林長官の非難が理解できなかったが、激しい剣幕で怒鳴り続けている林長官に対して、とても反論ができる雰囲気ではなかった。

「君、変わってるね」

その後、林長官は、信じられないような発言をし始める。

「ツイッターをいますぐやめなさい。やめなければ、私は、君を分限裁判にかける」

「君は、裁判官を辞めることになってもいいのか」

「君は、以前、裁判官の仕事が生き甲斐だと言っていたが、裁判官を辞めさせられてしまえば元も子もないではないか」

これらの発言は、私の表現の自由を侵害するものというべきである。本件ツイートには何ら問題はないと考えるが、仮に何か問題があったとしても、それを理由におよそツイッター自体をやめさせるというのは、表現行為に対する過度に広範な制約というべきだからである。しかも、職場の上司という立場を利用しているからパワハラにも該当し得る。

また、裁判官をクビにすると脅してツイッターの停止を強要したのであるから、脅迫罪および強要罪の構成要件にも該当する。戒告処分自体では裁判官を辞めさせることはできないため、この発言は、林長官が、戒告処分が行われた後に、自身の有するあらゆる権限を駆使して私を辞職に追い込むことを宣言したものにほかならないからである。

しかも、横にいた吉崎事務局長は、このような林長官の違法行為を止めるどころか、林長官に続いて、「岡口君、長官のおっしゃってることはわかっている？　長官は、君がツイッターをやめないと、裁判官を続けられないとおっしゃってるんだよ」などと、冷静な物言いで、長官の話をわかりやすく解説し始めたのである。

東京高裁長官と東京高裁事務局長による違法行為が東京高裁長官室において白昼堂々と行われるとは前代未聞のことである。

この脅迫・強要行為は五〇分程度続いたが、それが終わると、吉崎事務局長は、私に対し、本件ツイートを削除することと、削除後に電話で報告することを命じた。私が、本件ツイートを削除し、その旨を電話連絡したところ、吉崎事務局長は、私に対し、再度、ツイッターをやめるよう迫り、それを私が拒否すると「君、変わってるね」と言い放って一方的に電話を切った。なお、フェイスブックについては、削除指示がなかったため、現在まで当該記事を削除していない。

最高裁の判示とは異なる事実

ところで、最高裁は、後に岡口分限決定において、「本件申立て〔東京高裁による分限裁判の申立て〕が、被申立人にツイッターにおける投稿をやめさせる手段として、あるいは被申立人がツイッターにおける投稿をやめることを誓約しなかったことを理由にされた不当なものということはできない」と判示している（以下、引用文中の〔　〕内は著者による）。

しかし、岡口分限裁判において東京高裁から提出された先述の証拠には、上記のやりとりが詳細に現れるのである。

たとえば、吉崎報告書Bには、長官は、「ツイートを続けるということであれば、それを前提にして分限裁判を検討せざるを得ないと述べた」との記載がある(2)。また、「当職〔吉崎事務局長〕は、……これまでとは違う局面に入ることを予告されているのは認識できているか、ツイートを止めれば、それはそれで一つの姿勢を示すことになるというアドバイスをもらったのは認識できているか、そのアドバイスを断わったという認識はあるかなどと、順次尋ねた」と記録されている(3)。

これらの記載は、林長官および吉崎事務局長が私に対し、ツイッターをやめなければ分限裁判にかけると脅迫して、ツイッターをやめるよう強要したことの証拠となっている。

また、吉崎報告書Bには、「〔林〕長官が、仮に裁判官を辞めることになってもツイートは止めないということかと尋ねたところ、岡口判事は、「はい。」と答えた」と記され(4)、吉崎報告書Aにも、「岡口判事は、……以下のとおり説明した。……今後裁判官の身分等の問題に発展することがあっても、ツイート〔投稿〕をやめるつもりはない」とある(5)。

これらの記載は、林長官および吉崎事務局長が「ツイッターをやめなければ、裁判官を辞めることになる」と私を脅したのに対し、私が、この脅しに屈せずに、「仮に裁判官の身分を失うことになったとしてもツイッターはやめない」と答えたことの証拠でもある。

ちなみに、林長官および吉崎事務局長は、弁護士ら三名の告発を受けて、脅迫罪、強要罪および公務員職権濫用罪の被疑者として東京地検特捜部の捜査対象となった。私にも東京地検特捜部から出頭要請があり、二〇一八年一一月二二日、上記事件の被害者である私の事情聴取が行われた。その後、東京地検特捜部の水庫一浩検事は、林長官らを不起訴処分としたが、これに対し、上記弁護士らは、公務員職権濫用罪については東京地裁に付審判請求をし、脅迫罪、強要罪については、東京検察第三審査会に審査の申立てをし、それぞれ審理が続いている。

新聞で知った分限裁判

さて、私が東京高裁長官室に呼ばれてからまもなくして、東京高裁内にある「東京高等裁判所分限事件調査委員会」が動き始めた。この委員会は、東京高裁長官から、所属裁判官の「品位を辱める行状」等についての調査および報告を請求されると、必要な調査を行い、その結果を報告するためのものである。

その委員長である若園敦雄・東京高裁第一刑事部部総括判事は、二〇一八年六月一三日、私に対し、分限裁判の申立ての内容を明らかにしたうえで、それについての反論を記載した陳述書を提出するよう求めた。上記委員会の規程五条三項に基づく措置である。

そこで、私は、林長官からツイッターをやめるよう強要されたこと、ツイッターをやめなければ分限裁判にかけて辞職に追い込むと脅されたことなどを記載した陳述書を同委員会に提出したが、同委員会からは何の回答も反応もなかった。同委員会は、私の陳述書の内容にかかわらず、最初から、私を分限裁判にかけるべきであるとの報告をすることに決めていたのではないかと思われる。

なお、私は、東京高裁内部で分限裁判に向けての調査が始まったことについてツイッターなどで一切言及していなかった。このことが明らかになると本件ツイートで取り扱った犬の裁判に注目が集まるが、それは元の飼主の方の望むところではないと思っていたからである。

ところが、夏期休暇中である同年七月二四日に、自宅で新聞を見て驚いた。東京高裁当局は、同日に、最高裁に対し、私の分限裁判の申立てをし、それを直ちにマスコミに公表したのである。しかも、申立書の内容まで公表したため、本件ツイートで紹介した犬の裁判の内容まで報道されることとなった。

これは、明らかに、元の飼主の方の意図に反することである。元の飼主の方は、おそらくこの裁判の記事の拡散を避けるため、東京高裁を訪れて本件ツイートの削除を求めたのであるが、東京高裁が申立書の内容をオープンにしたことでかえってこの裁判の記事が全国的にテレビや新聞で大きく報道されることになってしまったからである。

東京高裁当局は、訴訟当事者に対する配慮などということはまったく考えていないのであろうか。

問題の核心は……

岡口分限裁判の申立てがなされたここまでの経緯についての学者、法曹関係者およびジャーナリストの見解をいくつか挙げておきたい。

まず、元の飼主の方から抗議があったことはいわば口実であり、分限裁判の申立ての真の目的は私のツイートをやめさせることであったと指摘する見解がある。憲法学が専門の毛利透・京都大学教授は、「市民からの抗議を奇貨とするようなかたちで、どう見ても「品位を辱める」とはいえない表現を懲戒申立ての理由とすることが許されるわけではない。日本国憲法の下での司法への国民の信頼は、裁判官を黙らせることで維持されるべきものではないであろう」と述べている(6)。

林長官がツイッターをやめなさいと私に迫ったことがパワハラに当たるとする見解もみられる。司法試験予備校「伊藤塾」の塾長である伊藤真弁護士は、月刊メールマガジン「伊藤塾通信」において、「この懲戒申し立ての真の理由が、ツイッターをやめるように東京高裁長官から言われた岡口裁判官がそれを拒否したことにあると思われる点に問題の深刻さを感じます。……表現の自由の侵害であると同時に、こうした強制を世間ではパワハラといいます。職務上の優位性を利用して義務のないことを強制しているからです。これだけ世間ではパワハラが問題になっているのに、エリート裁判官が強要罪まがいのことをしてしまうとは、裁判所がいかに世の中の感覚とずれているかを露呈してしまったようです」と指摘している。[7]

また、ブラック企業被害対策弁護団の代表でもある佐々木亮弁護士は、「最近は、ＳＮＳでのつながりも一つの重要な人間関係の形成の場となっています。これを、会社や上司が命令して止めさせるというのは、地域社会からいなくなれ、というのと同じことを意味します。その意味では、ツイッターを今すぐに止めなさい、という要求は、行き過ぎたもので、個の侵害にあたり、パワーハラスメントと評価されると言えます」と述べている。[8]

「問題の核心は、高裁長官が「ツイートを続ければ、分限裁判を検討する」と岡口氏に言ったことではないのか。もし私的な表現行為の自由を封殺する意図なら、ゆゆしき問題だ」。これは二〇一八年一〇月一九日付の中日・東京新聞の社説の一節である。

ちなみに、弁護士ドットコムが、岡口分限決定が下される前に弁護士を対象として行った緊急アンケートによると、三二六人のうち、本件ツイートをした行為が「戒告処分に該当しない」との回答が九一％に達していた。[9]

裁判官を辞めさせせられるのか

私は、長官室に呼び出されたうえ、東京高裁長官から表現行為の制限を強要されたことに大変ショックを受け、それ以来、朝早く目が覚めてしまうという状態が続くようになり、午後から眠くなるので仕事にも支障が出始めた。

私を最も苦しめたのは、裁判官を辞めさせられることへの恐怖感であり、それはいまでも続いている。某大手法律事務所の弁護士が「いつでも来ていいよ」と言ってくれたことは経済的な不安を少しは和らげた。また、裁判官を辞めても困らないように、某若手弁護士と、法曹向けのＩＴビジネスを始める話も進めている。

そこまで精神的に苦しむくらいであればＳＮＳごときやめてしまえばいいではないかと思われるかもしれない。しかし、私は、法律家としてそれはできないと思っている。これまで二五年近くの裁判官人生において、多くのパワハラ事件や脅迫事件などを担当してきたが、それらの事件の関係者の手前、私自身がパワハラや脅迫に屈して自らの表現の自由を制限してしまうということは、選択肢としてはあり得なかったのである[10]。

（1）プロローグ注1参照。
（2）吉崎佳弥・東京高裁事務局長作成報告書（二〇一八（平成三〇）年七月四日付（報告書Ｂ））六頁一一行目。
（3）同報告書Ｂ六頁一三行目。
（4）同報告書Ｂ六頁一九行目。
（5）吉崎佳弥・東京高裁事務局長作成報告書（二〇一八（平成三〇）年六月一二日付（報告書Ａ））二頁一三〜二四行目。

（6）岡口分限裁判・毛利透意見書（二〇一八年九月二一日付）。

（7）伊藤真「塾長雑感　第二七九回　裁判官の独立」（二〇一八年一一月一日付）。
http://blogs.itojuku.com/jukucho_zakkan/2018/11/279-52b2.html

（8）佐々木亮「会社の上司が部下に対して「ツイッターをやめろ」は許されるか？」ヤフーニュース（二〇一八年八月一八日付）。https://news.yahoo.co.jp/byline/sasakiryo/20180818-00093626/

（9）「岡口裁判官の分限裁判、九割の弁護士が「懲戒処分に該当しない」――三二六人緊急アンケート」弁護士ドットコムニュース（二〇一八年九月一〇日付）。https://www.bengo4.com/other/n_8506/

（10）もっとも、私のツイッターアカウントは、二〇一八年六月二六日に、事前通告もなく突然に凍結されたため、私はそれまでの何万件というツイートを一瞬にして失うことになった。この凍結時期と東京高裁が私の分限裁判の申立てを決めた時期が一致するものの、両者が関係しているか否かは、もちろん私にはわからない。そして、Twitter Japan株式会社が私からの凍結解除申請に応じないことから、現在は、フェイスブックのみの情報発信となっている。

6　ひとつの背景――裁判官訴追委員会の動き

検討されていた「尋問招致」

これまで岡口分限裁判に至る前史をみてきたが、その最後に、まったく毛色の違う話をせざるを得ない。それは、立法府の動きである。

国会には、裁判官訴追委員会というものがあり、衆議院選出議員一〇名および参議院選出議員一〇名の合計二〇名で構成されている（裁判官弾劾法五条一項）。

プロローグでも少し触れたが、裁判官は、裁判官としての威信を著しく失うべき非行があった場合などに、「弾劾裁判」によって罷免されることがある（憲法七八条、裁判官弾劾法二条）。そのための訴追をするのが、裁判官訴追委員会である。

国民が、裁判官訴追委員会に対して、裁判官の訴追の申立てをするのが通常であるが、同委員会が職権で訴追を決めることもできる。

裁判官の訴追の申立件数は年間六〇〇件程度であるが、そのほとんどすべてが却下される。過去に訴追されたのは、裁判官が、児童買春をした例や裁判所職員に対しストーカー行為をした例、電車内でスマホ盗撮をした例など、刑事事件として起訴され、後に有罪判決を受けるようなかなり悪質な場合である(1)。

裁判官訴追委員会のメンバーである民進党(当時)の津村啓介衆院議員らは、同委員会の調査小委員会で私の調査を続けていた。私に対しては、二〇一六年に、胸の回りを二周縛ってもらった画像をツイート(最初の厳重注意処分の対象ツイート)したことを理由に、国民から訴追請求があり、同年一一月に裁判官訴追委員会は、訴追しない旨の決定をしていた。しかし、その後も、別の複数の国民から、私の訴追請求があったため、津村議員らは、これらの請求に基づいて、ツイートを調査していたのである。

なお、津村議員は、自身のアカウントで私の「一連の言動」について、「エリート職業裁判官が、反論の場のない結審後の裁判当事者に公の場で誹謗を加えるのは、立憲主義への挑戦です」とつぶやいている(2)。

また、裁判官訴追委員会のメンバーである民進党の真山雄一参院議員は、二〇一八年四月一〇日、参議院法務委員会において、出席していた堀田眞哉・最高裁人事局長に対し、二〇分弱にわたって、ピックアップした私のツイート一つひとつに論評を加え、質問を繰り返した(3)。

たとえば、ツイートの数がとても多いことから、裁判官が暇をもてあましているという誤解を国民に与えるのではないか、裁判官が忙しいので裁判官の報酬を増額することを国会で検討しているときに、「五時ピタで帰って……」などのツイートをするのは誤解を生む内容であると思われるが、これらのツイートについて最高裁で処置していないのか、という質問などである。他に、私のツイートの中に政権批判とも思われるツイートがあるとして、それが問題であるという趣旨の発言もあった。

司法と政治をめぐって

裁判官訴追委員会は、二〇一八年六月一一日、私の尋問招致を否決した。

裁判官弾劾法一〇条三項により、裁判官訴追委員会の議事は公開しないとされているが、津村議員が、同月一二日、否決がされたことをツイッターで明らかにしたため、これが公になったものである。このツイート行為は同項によって委員に課せられた守秘義務に違反しているものと思われる。

津村議員は、このとき、「昨日、国会の「裁判官訴追委員会」で岡口基一裁判官の尋問招致を否決。いつか詳《つまび》らかにしたいと思いますが、半年近く深く関わった調査小委メンバーとしては残念な大ドンデン返しでした。日本の司法は、非常に閉ざされた空間だと感じます。メディアも…」とつぶやいた(4)。

裁判官訴追委員会を構成する二〇名の委員のうち自民党の委員だけで過半数を超えているから、少なくとも自民党の委員は、否決に回ったものと推測される。つまり、野党である民進党が中心となって訴追のための準備を進めてきたところ、最終的には、与党がこれに賛成しなかったということではないか。

裁判官を国会に呼んで尋問することへの慎重な配慮が立法府にあったということであるが、裁判所が自民党との関係を悪化させてこなかったことがこの場面では上手く機能していたという言い方ができなくもない。

こうした司法と政治の距離をめぐっては、第Ⅲ部で改めて取り上げてみたい。

(1) 裁判官訴追委員会「(1)罷免の訴追をした事案の概要」。 http://www.sotsui.go.jp/data/index.html
(2) https://twitter.com/tsumura_keisuke/status/1041669834658930691
(3) 「二〇一八年四月一〇日　参議院法務委員会　民進党　真山勇」。https://www.youtube.com/watch?v=cDDz9aRlC-U
(4) 「津村啓介さんの発言アーカイブ」。 https://politics.newtopics.info/?p=17670

第II部

「分限裁判」とは何だったのか

1　そして、裁判が始まった

「判決を読まずに当該訴訟に関する記事のツイートをした」という、林長官の私に対する非難は、いまでもよく理解できない。「ツイートをやめなければ裁判官をクビにする」と脅迫するのは、言語道断の違法行為である。だが、この理不尽な要求に屈するわけにはいかない。自分の人権も守れない法曹が他人の人権を守れるはずがないと、私はずっと考えてきた。

ところが、表現の自由を守ろうとした私を待っていたのは、分限裁判の被申立人になることであった。裁判官がツイートをしたことを理由に、分限裁判を申し立てられるという前代未聞の事件が始まったのである。

この第Ⅱ部前半（1～5章）では、岡口分限裁判の経緯を、手続上の問題点を指摘しながらみていきたいと思う。分限裁判の申立てがなされたのは二〇一八年七月二四日であり、同年九月一一日に最高裁判所の会議室で非公開の「審問期日」が開かれた。続く後半(6～7章)では、その結果として同年一〇月一七日に下された決定について検討したい。

分限裁判とは?

まずは、少し専門的な話になるが、分限裁判の基礎的な知識を改めて押さえておきたい。

すでに述べたように、分限裁判は、裁判官に懲戒事由に当たる行為があった場合に、その裁判官の所属する裁判所が上級裁判所に申立てをすることによって始まる。

この懲戒事由というのは、職務上の義務に違反すること、職務を怠ること、品位を辱める行状があったことのいずれかである(裁判所法四九条)。

分限裁判において、i懲戒事由に当たる行為があったと認められ、かつ、ii懲戒するのが相当であると認められると、その裁判官は、戒告または一万円以下の過料に処せられる(裁判官分限法二条)。

解釈上、iだけでなくiiも要件であるとされており、岡口分限裁判の申立書の「申立ての理由」にも、「被申立人の上記行為は、裁判所法第四九条所定の懲戒事由に該当し、懲戒に付するのが相当であるので、本申立てをする」との記載がある。

また、分限裁判の手続は、通常の民事訴訟の手続によるのではなく、「非訟事件」の手続によって行われる(裁判官の分限事件手続規則七条)。民事訴訟が、公開の法廷において、当事者が主体となった審理をするのに対し、非訟事件とは、法廷を開かずに、裁判所が主体となって、当事者が提出した資料および裁判所が職権で収集した資料に基づいて申立ての当否等を判断するものである。

もっとも、分限裁判においても、当事者の陳述を聴くための手続である審問期日を開くことはできる。この期日は原則として非公開であるが、第三者の傍聴を許すこともできる（非訟事件手続法三〇条）。たとえばプロローグで言及した、電車内で痴漢をした裁判官のように、懲戒事由があることが明らかである場合は、書面審理をするだけで十分とされ、審問期日を開かないまま分限決定がされる。そして、裁判官の分限裁判が行われるのは、通常は、懲戒事由があることが明らかな場合であるから、裁判官の分限裁判においては審問期日が開かれないのが普通である。

審問期日が開かれた例としては、岡口分限裁判のほかに、憲法判例としてつとに知られている、寺西和史判事補の分限裁判（以下、「寺西分限裁判」という）がある。

寺西分限裁判をふり返る

寺西分限裁判とは、一九九八年四月、仙台地裁に所属していた寺西判事補が、「盗聴法と令状主義」をテーマにしたシンポジウムに参加したところ、この集会の目的は、いわゆる組織的犯罪対策三法案を廃案に追い込む運動を支援し、推進するものであり、裁判官がこれに参加するのは裁判所法五二条一号で裁判官に禁じられている「積極的政治運動」に該当するとして、分限裁判の申立てがなされたものである。

なお、この分限裁判の前年に、朝日新聞の「声」欄に「信頼できない盗聴令状審査」と題する寺西判事補の投書が掲載され、同判事補は、当時の所属先であった旭川地裁所長より、裁判所に対する誹謗・中傷であるとの理由で注意処分を受けていた。このため、いわば「好ましくない裁判官」への何らかの措置を狙っていた当局にとり、寺西分限裁判は格好の機会であったのではないかとする見解が当時より多く示されていた。

先のシンポジウムが開かれた翌月、仙台地裁は、その上級庁である仙台高裁に対し、寺西判事補の分限裁判の申立てを行ったところ、仙台高裁はこの申立てを認め、同判事補を戒告処分とした。上記集会への参加は、裁判官に禁じられている「積極的政治活動」に当たるから、三つの懲戒事由のうちの「職務上の義務違反」に当たり、かつ、懲戒するのが相当であるとの理由である。

寺西判事補は、これを不服として、最高裁に審理を求めた。すると、最高裁は、仙台高等裁判所による上記決定を維持するとの決定をした(以下、「寺西分限決定」という。最高裁一九九八(平成一〇)年一二月一日大法廷決定)[1]。

寺西分限裁判は、裁判官の政治活動の自由という憲法上の論点を含むものであったため、大きく報道されるなどし、また、日本弁護士連合会(日弁連)も寺西判事補の支援に回った。そして、憲法学者は現在まで寺西分限決定についての議論を続けているが、その背景として、同決定において有力な反対意見が出されたことも重要である。同決定では一五人中五人の最高裁判事（学者出身一名、弁護士出身四名）が反対意見を付したが、いずれの反対意見も大変に高く評価されており、その説得力もあって寺西判事に対するさらなる不利益処分が避けられたと見る向きもある。

一回きりの裁判

寺西判事補は、上記のとおり地方裁判所に所属していたため、高等裁判所による分限決定に対し、最高裁判所に不服申立てをすることができた。つまり、二回裁判をすることができたのだが、私は、高裁に所属しているため、私の分限決定は、最高裁がすることになり、裁判は一度しか行われない。まさに一回勝負である。そこで、岡口分限裁判では、とりわけ丁寧な審理や判断が必要であったといえるのではないか。

なお、高裁判事の分限決定に対し不服申立てができないことについて、憲法学者の木村草太・首都大学東京教授は、「通常の刑事裁判では、一審が不当な判断を示したと考えられる場合には、控訴審に判断の見直しを求められる。ところが、最高裁による裁判官の懲戒処分には、法律上、異議申し立てをする手続きが定められていない。……この責任の一端は、裁判官分限法を制定した国会にもある」と、国会の責任についても言及している(2)。

裁判官の分限裁判において丁寧な審理や判断をしなければならない理由は、他にもある。

一点目の理由は、裁判所が司法行政機関と、司法機関としての役割を兼ねていることである。寺西分限決定には尾崎行信最高裁判事（弁護士出身）の反対意見（以下、「尾崎反対意見」という）が付されているが、その中では、以下の趣旨のことが述べられている。

分限裁判とは、裁判所における懲戒権の行使、すなわち司法行政における処分の実質を有する行為を、裁判という形式で行うものである。

そのため、裁判所が、「裁判所当局」という司法行政機関としての役割と、「分限裁判を行う裁判所」という司法機関としての役割を、一つの行為によって果たすことになる。

その結果、利益が相反することも想定され、特に被処分者側からみれば、司法的判断者としての公正・中立に危惧を抱きやすいことは当然であるし、外部の一般国民も同様の不信感を覚えかねない。

そこで、分限裁判では、司法審査権能を適正に行使したことを内外に示すため、本来の司法裁判の原則に照らし、最も公正な手続を採り、公開の場で裁判を行うなどして司法過程を最大限透明にして、当事者および世人の危惧を払拭すべきである。

二点目の理由は、分限裁判が被処分者に司法行政上の不利益処分を科すものであることである。

憲法三一条（何人も、法律の定める手続によらなければ、その生命若しくは自由を奪はれ、又はその他の刑罰を科せられない）は、行政上の処分にも準用され、不利益処分を科す場合、被処分者に対し、処分理由を告知し、かつ、十分な弁明と防御の機会を与えなければならないことを原則としていると解されている。憲法学が専門の志田陽子・武蔵野美術大学教授は、分限裁判も、被申立人に多大な不利益を与える処分を科すものであることから、憲法三一条が定める適正手続原則が参照・援用されるべきであると指摘する。(3)

また、憲法三二条（何人も、裁判所において裁判を受ける権利を奪はれない）は、国民に対し、適正な手続の下で公正な裁判を受ける権利を保障していると解されているところ、尾崎反対意見は、裁判官に不利益処分を科す分限裁判においては、「非訟法の定めの下で執り得る司法裁判に要請される適正手続に最大限近い手続による審理」がされるべきであり、それがされなかったときは、上記権利が侵害されたというべきである、とする。

三点目として、裁判官の懲戒処分が、裁判所職員の懲戒手続であるにもかかわらず、司法行政処分手続ではなく、あえて裁判手続によるものとされている趣旨を踏まえる必要があるという理由も挙げられる。やはり分限裁判の対象となった、古川龍一判事に対する最高裁大法廷の分限決定（二〇〇一（平成一三）年三月三〇日）(4)には、金谷利廣判事（裁判官出身）の反対意見（以下、「金谷反対意見」という）が付されている。この反対意見において、金谷判事は以下のように述べている。

……裁判官に対する懲戒は、その実質は〔司法〕行政作用でありながら、独立して職権を行使すべき裁判官の身分保障に関係するものであるところから、特に慎重を期するため裁判の手続及び裁判としての決定によって行うものとされている趣旨にかんがみると、かりそめにもある種の行政目的ないしは行政的考慮からの懲戒の必要が先行し懲戒原因である行為に関する事実面及び法律面の検討が不十分であったのではないかとの批判を招くことのないよう、懲戒原因である行為について冷静かつ慎重な検討が加えられるべきものであると考える。

そして、分限裁判において丁寧な審理、判断が求められる四点目の理由は、行政機関による確定裁判を禁じる憲法七六条二項の趣旨が妥当することである。

憲法七六条二項は、「行政機関は、終審として裁判を行ふことができない」と、行政機関が確定裁判をしてはならない旨を規定している。司法機関ではない機関が確定裁判をするのでは、三権分立に反するし、国民の裁判を受ける権利を侵害することになるからである。

同項の趣旨は、司法行政機関についても妥当する。尾崎反対意見は、分限裁判を非訟事件の手続によって行うことは、行政機関の行う再審査手続と大差がなく、行政機関が終審として裁判を行うことを禁ずる同項の趣旨に反することになると指摘する。つまり、同項の趣旨に反しないためには、非訟事件の手続ではなく、本来の司法裁判の原則にしたがった手続によるべきであるとしているのである。

このように、裁判官の分限裁判では、とりわけ適正な手続によることや、十分な事実認定が必要とされている。

それでは、岡口分限裁判の手続や岡口分限決定における判断はどうだったのであろうか。寺西分限裁判決定等において示された論点が深められたといえるだろうか。次章以降で明らかにしたい。

（1）民集五二巻九号一七六一頁。 http://www.courts.go.jp/app/files/hanrei_jp/233/052233_hanrei.pdf

（2）「木村草太の憲法の新手(九一) 裁判官分限法で判事処分 適正手続きに大きな問題 弁明・防御の機会奪われる」沖縄タイムスプラス(二〇一八年一一月四日付)。
https://www.okinawatimes.co.jp/articles/-/340592

（3）岡口分限裁判・志田陽子意見書(二〇一八年九月二五日付)。

（4）集民二〇一号七三七頁。 http://www.courts.go.jp/app/files/hanrei_jp/094/076094_hanrei.pdf

なお、古川判事の分限裁判は、同判事の妻が被疑者となった脅迫事件における捜査情報の漏洩が明らかになり申し立てられた。二〇〇〇年、妻が事件の被疑者であると地検の次席検事に知らされた同判事は、その情報を基に書面を作成し妻らに渡していた。分限裁判の結果、戒告処分となったが、三人の最高裁判事より裁判官の品位を辱める行状または品位保持義務違反に当たるとはいえないとする反対意見が示された。

2　当事者となって知った手続保障の現実

岡口分限裁判は、私が自身の表現の自由を守ろうとしたところ、それを許さなかった東京高裁当局によって始められたものであって、そのことは、提出された証拠中にある林長官自身の発言からも明らかである。

しかし、岡口分限裁判の中立ての問題点はそれだけにとどまらない。

これまで、裁判官として多くの裁判に関与してきたが、自らが分限裁判の対象となって、手続保障の重要さ、そしてその実態を、身をもって知った側面があるといわざるを得ないだろう。

以下、順にくわしくみていこう。

一　漠然とした申立て

「懲戒事由」は何なのか？

裁判官の分限裁判は、その所属庁が分限裁判の申立書を上級裁判所に提出することによって始まるが、その申立書には「申立ての理由」を記載しなければならない。

岡口分限裁判において、申立人である東京高裁が提出した申立書に記載された「申立ての理由」は、以下のとおりであった。

1　被申立人は、裁判官であることを他者から認識できる状態で、ツイッターのアカウントを利用し、平成30年5月17日頃、東京高等裁判所で控訴審判決がされた犬の返還請求に関する民事訴訟についてのインターネット記事及びそのURLを引用しながら、「公園に放置されていた犬を保護し育てていたら、3か月くらい経って、もとの飼い主が名乗り出てきて、「返してください」」、「え？あなた？この犬を捨てたんでしょ？　3か月も放置しておきながら…」、「裁判の結果は…」との投稿をインターネット上に公開して、上記訴訟において犬の所有権が認められた当事者(もとの飼い主)の感情を傷付けたものである。

2　被申立人の上記行為は、裁判所法第49条所定の懲戒事由に該当し、懲戒に付するのが相当であるので、本申立てをする。

分限裁判では、当該裁判官に懲戒事由に該当する行為があったか否かがまずは問題となる。述べてきたように、懲戒事由とは、職務上の義務違反、職務の懈怠《けたい》(なまけ、おこたること)、または、品位を辱める行状のいずれかである(裁判所法四九条)。

そこで、分限裁判の申立てをする際には、最低限、①対象行為は何なのか、②その行為は、上記の三つの懲戒事由のうちのどれに該当するのか、③それが該当する理由は何かについて明らかにしなければならない。

ところが、岡口分限裁判の申立書では、①の行為は特定されている(本件ツイートをしたという行為)ものの、②その行為が三つの懲戒事由のどれに当たるのか、また、③その行為がどのような理由で懲戒事由に当たるのかが明らかにされていない。

これでは、分限裁判の申立てをされた被申立人側としては十分な防御や反論ができない。刑事裁判にたとえていえば、被告人が、ある事実に基づいて起訴されたが、それがいかなる理由で何罪に当たるのかが明らかにされないまま裁判が始まったようなものである。被申立人の防御権を著しく害するものというべきである。しかも、申立人である東京高裁は、被申立人である私から再三にわたってこれらを明らかにするよう求められたにもかかわらず、分限裁判の審理が終わるまで、一度も明らかにしようとしなかった。

上記の②について、毛利透教授は、岡口分限裁判の申立ては本件ツイート行為が上記の三つの懲戒事由のどの要件に該当するのかを明らかにしておらず、適正な手続の観点から問題があると指摘している(1)。

また、上記の③に関して重要なのは、憲法で独立が保障されていない他の公務員でさえ、行政手続法一四条において、不利益処分を受ける際には、当該不利益処分の理由が示されなければならないとされ、同法施行細則七条は、不利益処分理由説明書の作成まで求めているということである。

表現の自由とそれによる不利益処分をめぐって

もっとも、③(該当する理由は何か)については、先に引用した岡口分限裁判の申立書に、本件ツイート行為によって「当事者(もとの飼い主)の感情を傷付けた」との記載があるから、これで足りるのではないかと思われるかもしれない。しかし、これで本件ツイート行為が直ちに懲戒事由に当たることにはならない。

まず、本件ツイート行為は、裁判所法四九条が定める三つの懲戒事由のうち、「職務上の義務違反」および「職務の懈怠」に当たるとは考えにくい。

そこで、「品位を辱める行状」に該当するか否かを検討すると、プロローグでも触れたように、この「品位を辱める行状」とは、岡口分限決定の説示によると「職務上の行為であると、純然たる私的行為であるとを問わず、およそ裁判官に対する国民の信頼を損ね、又は裁判の公正を疑わせるような言動」のことである。

つまり、「品位を辱める行状」に当たるか否かは、本件ツイート行為が、裁判官に対する国民の信頼を損ねたか、または裁判の公正を疑わせたか否かで判断されるのであって、元の飼主の方の感情を傷付けたか否かで直ちに判断されるものではない。

以上のとおり、岡口分限裁判の申立書に記載された申立ての理由(元の飼主の方の感情を傷付けた)は、裁判所法四九条が定める三つの懲戒事由のどれにも直ちには当たらないものである。

そもそも、表現行為というものは、およそ誰かを傷付ける可能性を有している。たとえば、「日産のゴーン前会長の勾留が延長されました」とツイートすると、それを見たゴーン前会長のご家族の方はとても感情が傷付くであろう。

また、「感情が傷付いた」というのは主観的なことであるから、それに対する完全な反論や反証はおよそ不可能である。それにもかかわらず、「感情を傷付けた」という理由で、表現行為が事後的に批判され、無条件に責任を問われたり、戒告のような不利益処分を受けるのであれば、怖くて表現行為ができなくなる。表現の自由は著しく萎縮し、ものが言えない国になりかねない。

そのため、表現行為を批判するためには、名誉が毀損されたとかプライバシーが侵害されたなど、「感情を傷付けた」以外に、当該表現行為を批判することができるだけの別の理由が必要というべきである。岡口分限裁判でも同様であり、本件ツイートにより元の飼主の方の感情が傷付いたという理由のみによって私に不利益処分を科すことはできない。林長官は表現の自由についてどのように理解しているのだろうか。

判例を用いた法律上の議論

また、本件ツイートは、裁判官が過去の判決について表現したものである。

先述の志田教授は、「もともと裁判は「公開」(不特定かつ相当数の者が自由に傍聴できる状態)で行うことが原則(憲法八二条一項)である。その当然の延長として、報道の対象や市民の情報共有の対象となることも自由である。裁判自体はすでに終了しているので、多くの裁判官が法律雑誌に論評を書くのと同じものとして、論者が自己の視点から論評を行う自由もある」と指摘している。(2)

法曹関係者は、過去の判決を題材とした法律上の議論を絶えず重ねてきた。そこでは、当事者の個人情報を完全に隠すことがルールとされた。議論の対象としているのは、原告が「A」さん、被告が「B」さんである訴訟であり、もとの事件にそっくりであるが、法的に抽象化された事例との位置付けである。

もとより、論評の目的は事件当事者を非難することでも擁護することでもなく、法的課題を検討することである。しかし、その事実認定や量刑に言及するなかで、結果として当事者が不快に思うということも起こり得る。

たとえば、論評の中では双方当事者の言い分も当然に現れるが、原告の言い分は通常は被告を非難するものであるから、それに触れるだけで被告を傷付ける可能性がある。だが、実際に起きた事件は法律について議論する際の何よりの題材であり、そのような議論を通じてわが国の法律学はこれまで発展・進歩してきたといえる。

そして、この議論には、裁判官も当然のように参加してきた。法曹の一員として裁判官が弁護士や学者と意見を交わすことで、さらにその議論を深めることができるからである。つまり、裁判官が過去の判決について紹介や評釈をすることは、これまでもなされてきた行為であり、そのことで当該判決の当事者の感情を傷付けたとしても、それによって直ちに裁判官の公正、中立に対する国民の信頼を傷付けたとはいえないと考える。

本件ツイートで表現されたのも「事例」化された過去の判決であった。個人情報が隠された「事例」に基づいて議論している記事を紹介し、そのリンクを貼ったものである。

同じ判決についてネット上でも議論がなされていた。明治大学の吉井啓子教授は、この判決を「事例」化したうえで、次のように述べていた。

「甲〔犬〕は、短いリードで柵に繋がれ、黒い口輪をされたままで体温調整もできず、前日夜からの雨で腹や脚が濡れて泥まみれの状態であった」「……判決中で検討された様々な事情はいずれも、X〔元の飼主〕の状況に同情すべき点があるとしても、「命あるもの」である動物の飼い主としての資格や責任に疑問を抱かせるものであり、動物愛護法の精神から見れば所有権放棄の意思が推認されてもおかしくない(3)」

この吉井教授の表現は、場合によっては元の飼主を傷付けるかもしれないが、個人情報を隠して事例化したうえで表現をするという判例評釈のルールに反しておらず、もちろんそれに関しては何ら批判されるものではない。

岡口分限裁判の申立ては、これまで学者や法曹が自由に行ってきた「事例」に基づく議論を萎縮させるおそれがある。少なくとも、裁判官は、今後、この手の「事例」を用いた議論に参加することに、かなり躊躇《ちゅうちょ》するであろう。繰り返しになるが、裁判官も加わった自由な議論が、これまでわが国の法律学を大いに発展させてきたにもかかわらずである。

線引きなしの規制

しかも、本章後半で述べるように、最高裁は岡口分限決定において「事例」に基づく表現行為が許されない限界線を明らかにしなかった。裁判官は、今後の議論において、どこまでの表現ならば許されるのかという限界線がわからずじまいである。

学者および法曹は、「感情を傷付けた」との申立て理由について、どのような指摘をしているだろうか。

刑法が専門である金尚均・龍谷大学教授は、「……気持ちを傷つけられたからといって、それだけでは何らかの法的利益の侵害又は危険を根拠づけることはできず、まして、その行為者に制裁を科す理由とはならない。訴訟当事者から裁判所に苦情があったとして、その人が傷ついたと申し出れば、いとも簡単に懲戒されてしまうというのは極めて問題である。感情侵害は法的利益とは別次元の事柄なのである」と指摘している(4)。

また、市川寛弁護士は、自身のブログにおいて、以下のように問いを投げかけている。

「戒告は刑罰とは違いますが、間違いなくペナルティです。人が国家権力からペナルティを受けるとき、その根拠とされるのは法ですが、とくにペナルティを科す法(ざっくり言えば刑事実体法がその代表です)は、「どこまでは大丈夫で、どこからがダメなのか」を社会に向けてはっきり知らしめることが必要です。……「感情を傷つけた」という言葉に、「ここまでは大丈夫で、ここからはダメ」という基準を見出すことはできるのでしょうか。……こんな得体の知れない基準を突きつけられて、裁判官はこれからどのような私生活を送ればいいのでしょうか(5)」

二　役割を放棄した最高裁

そのまま送られてきた申立書

林長官は、私が「実際の判決を読まずに本件ツイートをしたこと」をあれだけ非難していたにもかかわらず、そのことを岡口分限裁判の申立ての理由とはしなかった。東京高裁が提出した岡口分限裁判の申立書の「申立ての理由」には、本件ツイート行為が「当事者(もとの飼い主)の感情を傷付けた」としか記載されていなかった。本件ツイートが懲戒事由に当たる理由を他に思いつかなかったのかもしれない。

しかし、本章でこれまでみてきたように、この記載だけでは三つの懲戒事由のどれにも直ちには当たらない。そうであれば、申立てを受けた最高裁としては、まずは、申立人である東京高裁に対し、申立ての理由が不十分であることを指摘して、対象行為がいかなる理由でどの懲戒事由に当たると主張するのかを明確にさせなければならない。これは裁判実務における「いろはのい」である。

たとえば、民事裁判で、請求の内容がよくわからない訴状で訴えられて被告とされてしまった場合を想定してみよう。そういう場合は、裁判所はそもそも被告に対して訴状を送らない。そのため、被告は訴えが提起されたこと自体を知らない。そして、裁判所は原告に対し訴状の訂正を命じる。

どういう請求にかかる訴えを提起するのかを明らかにさせるのである。仮に原告が訴状の訂正をしなければ、裁判所は、訴状を却下する命令によってその訴訟を終わりにしてしまう。被告は何も知らないままである。

被告は、自分が訴えられたと知っただけで、大変な精神的なショックを受けるし、弁護士に相談に行くなどお金もかかる。だから、請求内容が特定された訴状になるまでは被告には連絡せず、それが特定されなければ原告の訴えを門前払いにしてしまうのである。

岡口分限裁判も、被申立人の利益を考えるなら、申立人に対し、申立書に記載された申立ての理由の内容を明確にさせることから始めなければならなかった。

しかし、最高裁は、申立書の内容を訂正させることなく、被申立人である私のところに、申立ての理由が不明確なままの申立書を送った。申立書が私に送達されたのは二〇一八年七月三〇日のことである。

全国青年司法書士協議会は、同年一一月一五日付で意見書を公表し、「裁判手続きにおいて、当事者の防御権を保障するための手続保障をすることは、人権保障の最後の砦である最高裁判所であるなら、当然考慮すべきである。ところが、〔岡口分限裁判の〕申立の理由には「当該原告の感情を傷つけるもの」としか記載がされておらず……」と、最高裁が上記申立てについて申立人（東京高裁）に訂正を促さなかったことを批判している。(6)

勝訴の確信

実は、私は、東京高等裁判所分限事件調査委員会による調査の段階で、この申立ての理由を見せられていた。しかし、これでは懲戒事由に当たることの主張にはなっていないので、まさか、これをそのまま分限裁判の申立書に記載するとは思ってもいなかった。そのため、送達された申立書を見たときにはとても驚いたが、しかし、同時に、この裁判に勝訴することも確信した。三つの懲戒事由のどれにも当たらない理由による分限裁判の申立てが認められるはずがないからである。

私は、この申立てはまともに相手にする必要がないと考え、代理人弁護士は選任しないことにした。ただし、こちらから何も主張しなければ、すべてを認めたものと受けとられかねないことから、主張書面は自ら作成して提出することとした。主張書面には、申立書に本件ツイート行為が懲戒事由に該当する理由の記載がないため防御のしようがないことや、本件申立ては事実上、私のツイッターをやめさせるための手段としてなされたことなどを記載した。

また、申立書とともに審問期日が開かれることの通知書も受け取ったが、審問期日には出頭しないことにした。主張自体が失当の申立てであって、このまま弁明の機会を与えられても、弁明のしようがないからである。

とはいえ、最高裁が、よくわからない理由でこっそりと私を戒告処分にしてしまうことも考えられないではなかったので、いま何が行われているのかを世間に正確に知らしめて、日本中から最高裁の動きを注視してもらっておいたほうがいいと考えた。そこで、私は、二〇一八年八月三日、はてなブログというサービスを使って、岡口分限裁判のブログを立ち上げたところ、[7] それは開設から三日で一〇万アクセスを記録し、現在までに一〇〇万アクセスを超える閲覧数となった。

（1）毛利前掲意見書（第Ⅰ部5章注6参照）。

（2）志田前掲意見書（第Ⅱ部1章注3参照）。

（3）吉井啓子「放置された犬の飼養者に対する飼い主からの犬の返還請求が認められた事例」ＴＫＣローライブラリー　新・判例解説 Watch 民法（財産法）No.149（二〇一八年七月二七日付）。https://www.lawlibrary.jp/pdf/z18817009-00-031491632_tkc.pdf

（4）岡口分限裁判・金尚均意見書（二〇一八年九月二三日付）。

（5）市川寛「岡口基一裁判官に対する最高裁の恐ろしい判断」検事失格　弁護士　市川寛のブログ（二〇一八年一〇月一九日付）。https://ameblo.jp/ichikawa42/entry-12413046810.html

（6）全国青年司法書士協議会「岡口基一判事への懲戒処分決定に関する意見書」（二〇一八年一一月一二日付）。http://www.zenseishi.com/opinion/2018-11-12-01.html

（7）「分限裁判の記録　岡口基一」。https://okaguchik.hatenablog.com/

3　弁護団とともに審問期日へ

同期の危機感

岡口分限裁判の審問期日が予定されていた二〇一八年九月一一日の二週間ほど前、私と司法研修所で同期であった大賀浩一弁護士から電話があり、審問期日への準備は進んでいるのかと尋ねられた。審問期日とは、要は、被申立人に弁明の機会を与える手続である。大賀弁護士は、私が何も準備していない雰囲気を岡口分限裁判のブログから感じ取り、心配していたのである。

私が、いまの中立書の内容では弁明のしようがないので審問期日には出頭しない旨を告げると、大賀弁護士は、近年の最高裁の判決・決定の傾向を懸念しており、私が審問期日に欠席したりすると、最高裁は安心して恣意的な戒告処分決定をしてしまうリスクがあると私に忠告した。

九月一日には、たまたま、司法研修所の同期が全員集まる卒業二五周年パーティが名古屋マリオットアソシアホテルで開かれたが、そこでも、岡口分限裁判が話題となり、私の審問期日不出頭の意向が伝わるや、同期には危機感が走ったようだった。

すぐに同期による弁護団が結成され、野間啓弁護士が主任代理人、すなわち弁護団長となった。弁護団の動きは素早かった。手分けをして、二通の主張書面を新たに作成したほか、憲法学者等の意見書を集めることとし、短期間のうちに、五名の学者の意見書、さらには、弁護士、インターネットにくわしい識者らの意見書まで揃えてくれた。(1) また、私に対しては、審問期日に出頭するよう説得し、私はこれに応じて弁護団とともに審問期日に出頭することとなった。

同期以外の弁護士も、私の支援を始めた。島田広弁護士が発起人となった有志の弁護士らがネットを使って署名運動をスタートさせたのである。「裁判官にも「つぶやく自由」はある——裁判官の表現の自由の尊重を求める弁護士共同アピール」と題した声明文を発表し、(2) 短期間の活動であったにもかかわらず、これに賛同する弁護士は八五七名に達した。(3)

さらに、私の弁護団はマスコミ対策も怠らなかった。マスコミ関係者の多くは法律の専門家ではないから、分限裁判という制度について、そもそもあまり知らない。裁判所当局の思惑どおりの報道がされるおそれもあるため、審問期日直後に記者会見をするほか、マスコミの取材にも積極的に応じることで、岡口分限裁判の不当性を訴えることにしたのである。

すると、一部のマスコミが早速これに反応した。裁判官が自らの関与しない事件を紹介するツイートをしたことで分限裁判にかけられることの不自然さを、ジャーナリズム精神のある記者たちは敏感に感じ取ったのではないか。審問期日の前日には、関西テレビのニュース番組中で特集が組まれ、亀石倫子弁護士や森野俊彦元判事がこの裁判の問題点を明らかにした。朝日新聞や共同通信の記者も、取材した内容を記事にすることで、私の主張を世に伝えた。

また、ほぼすべての大手マスコミが、最高裁に対し、審問期日の傍聴を求めた。非訟事件手続法の規定により、裁判所は審問期日の傍聴を認めることができるからである。しかし、最高裁は、審問期日の前日になって、傍聴を認めない旨を各マスコミに通知した。

最高裁判事から質問はなかった

審問期日は九月一一日午後一時三〇分の開始であったが、当日の午後一時頃から、最高裁の裏口の前には報道各社のカメラが並んだ。幹事社である産経新聞社の要請により、私および弁護団は、そのカメラの前を、私を先頭として、弁護団は二列になって歩くことになった。裁判所当局を相手に闘っている姿をマスコミ各社から撮影してもらうのは気持ちのいいものであった。寺西判事補は最高裁に入るときにどのような気持ちだったのだろうかと考えたりもした。

裏口から最高裁に入ると大会議室に通された。全国の裁判所の所長と長官が一堂に会して会議を行う際に用いられる大変に広い場所である。実は、私はこの部屋に入るのは初めてである。現場の裁判官が最高裁に行くことはまずないからである。そのため、部屋に入ると、さすがに緊張し、同期の弁護団が一緒に来てくれたことが大変に心強く思えた。

やがて一四名の最高裁判事も入室し、横一列に並んで座り、それに向かい合う形で、私と弁護団が二列に並んで座った。その両脇には、被申立人である私たちから見て左側には、最高裁の植村直樹・裁判所書記官および浅野良児・裁判所書記官が座り、右側には、申立人である東京高裁を代表して東京高等裁判所分限事件調査委員会の委員長である若園敦雄判事が座った。

なお、最高裁判事は一五名であるが、そのうち、戸倉三郎判事は審理から外れた。同判事は、東京高裁長官時代に私の一回目の厳重注意処分をしていたことから、審理を担当するのは相当でないとされたのである。

裁判長(大谷直人最高裁長官)は、期日の開催を宣言すると、私、弁護団の順番で、弁明したいことがあればここで弁明をするようにと述べた。

これに対し、野間弁護団長は、それに先だって釈明したいことがあるとして、意見を述べた。申立ての内容が不明確であるから、このままでは弁明ができない。まずは、申立ての内容を明らかにしていただきたいと裁判長に訴えたのである。ところが、これに対し、裁判長は、「申立書の記載は被申立人で防御するのに十分であると考えているから、当裁判所から申立人に釈明を求めることはしないが、当裁判所としては、本件ツイート行為が「品位を辱める行状」に当たるか否かが問題であると考えている」などと述べただけであった。

そこで、私と弁護団は、申立ての内容が不明確のまま弁明せざるを得なかった。しかも、私自身は、最高裁判事から質問をされるものと予想しており、私が一方的に主張をするということは想定していなかったため、その場のアドリブで弁明を行うことになった。なお、審問期日であるにもかかわらず、最高裁判事が私に質問することは一切なかった。他方、弁護団が弁明をすることは予想どおりであったため、事前の打ち合わせどおりに大賀弁護士がこれを行った。

もし自分が担当裁判官だったら

それが終わると、裁判長は、岡口分限裁判の審理自体を終わらせそうな雰囲気であった。そこで、弁護団は、受任したのが審問期日の直前であり、準備が間に合っていないことから、期日を続行することを求めたが、裁判長はこれを拒否した。そして、追加の証拠があるのであれば、同年九月二八日までに提出するよう弁護団に指示した。わずか一七日ですべての証拠を提出しなければならないということである。しかも、最初は同月二四日までに提出するようにとしていたところ、野間弁護団長がその場で粘ってこれを同月二八日にまで引き延ばさせたものである。

こうして一度限りの審問期日が終了したが、私自身は、このような正義にもとる審理で懲戒処分がされることはあり得ないと感じており、もし私自身が担当裁判官であれば分限裁判の申立てを却下することしかできないと思っていた。ところが、私の弁護団の中には、審問期日における、最高裁長官およびその両隣に座った女性の最高裁判事二名の表情から、戒告処分がされると予想していた弁護士も少なからずいたのである。

（1）法学者の木下昌彦准教授、金尚均教授、木村草太教授、志田陽子教授、毛利透教授、弁護士の海渡雄一氏、IT関連に精通する三氏、楠正憲・政府CIO補佐官、ジャーナリストの津田大介氏、山本一郎・情報法制研究所上席研究員による。

（2）「裁判官にも「つぶやく自由」はある」。https://www.facebook.com/okaguchiappeal/

（3）「「最高裁は自ら『最後の砦』を壊した」岡口裁判官「戒告」に弁護士有志が批判」弁護士ドットコムニュース（二〇一八年一〇月一七日付）。https://www.bengo4.com/internet/n_8716/

4　記者会見に臨む——「不意打ち」のあとで

惨憺たる会見

審問期日において、裁判長である最高裁長官は、「申立書の記載は被申立人で防御するのに十分であると考えている」と述べ、申立人である東京高裁に釈明を求めることをしなかった。このため、被申立人として、私たちは本件ツイートがどのような理由で品位を辱める行状に当たるのかがまったくわからないまま弁明をせざるを得なかった。

これでは、審問期日を開いたといっても、形式的に弁明の機会を与えただけであり、手続保障がされたとはいえない。山下幸夫弁護士は、後に東京新聞の取材に対し、岡口分限裁判は「形だけの審理で終わらせた印象がある。結論ありきを思わせる」と答えている（二〇一八年一〇月二〇日付）。

このことにより、岡口分限裁判を通して、東京高裁による申立ての問題よりもさらに大きな問題が現れたと考えられる。最高裁が、この申立てを公然と追認し、事件の争点がどこにあるのかを被申立人にわからせないようにしたまま、審理を進めたのである。申立て内容を明確にするようにとの度々の要求にも応じなかったのであるから、意図的な「争点隠し」といわざるを得ない。

審問期日終了後の記者会見は、我ながら惨憺《さんたん》たる出来となった。

現職の裁判官が記者会見をすることはきわめて珍しいため、東京司法記者クラブ内にある記者会見会場には、大手マスコミ全社が勢揃いし、さらにフリーの記者も何人も参加していた。私のほか、弁護団数名で対応した記者会見の様子はYouTubeでノーカットで見ることができる[1]。

記者会見は、冒頭で野間弁護団長が審問期日の様子を簡単に説明し、その後はほぼ私の独演会のようになった。私は、審問がいかに手続保障を欠き正義に反するものであったかを、できるだけわかりやすく説明しようとしたが、分限裁判自体の知識もあまりないマスコミの方々に、短時間で、その日の審問の手続的な不正義を理解してもらうというのは困難なことである。

そもそも、手続保障を最も重んじるはずの最高裁がそのような不正義をするとは誰も思っていない（私自身も審問の直前までは思っていなかった）。私が記者会見の最中に口走った「最高裁としても、法治国家としてあり得ない」などのフレーズだけが翌日の記事には使われた。

私の説明が終わると、記者からの質問となった。記者は、案の定、私が説明したことについてはほとんど質問しなかった。質問が集中したのは、私が本件ツイートによって元の飼主の方を傷付けたことを反省しているのかということと、謝罪の意思があるのかということである。

私は、「傷付けた」という理由のみによって過去の表現を非難してはならないという表現の自由の基本から説明するしかなかった。

すると、次に、記者らは、私の話を聞いていないかのように、本件分限裁判とは無関係の過去の厳重注意処分に関し、ツイートによって関係者を傷付けたことを反省しているのか、また謝罪の意思があるのかと繰り返し尋ねてきた。仕方なく、私は、同じ説明を重ねた。

記者会見を開くという弁護団の方針は間違っていなかったのであるが、想定もしていなかった最高裁の不正義があったため、その説明を上手くすることができず、結果として、多くの記者は、説明を咀嚼《そしゃく》して記事化するよりも、私の反省や謝罪を引き出して記事化しようとしたのであろう。

真の問題点とは?

岡口分限裁判の手続上の最大の問題点は、実質的には弁明の機会を与えたとはいえないことである。弁護団は、審問期日において、証拠の提出期限が一七日後までとされたため、その翌日から、早速、新たな証拠集めや書面の作成に奔走することになったが、いかなる理由で懲戒事由に当たるのかがわからないので、半ば手探りで防御するしかなかった。

それでは、もう一方の当事者である申立人(東京高裁)側は、審理の終結までに、どのような証拠を提出したかというと、これがまた少ない。申立人側から提出された証拠資料は、わずかに三点である。吉崎事務局長が作成した二通の報告書(第I部5章参照)と私の履歴書である。この報告書の正確性を担保するための客観証拠は何一つ提出されなかった。

これは、吉崎事務局長の主張が丸呑みされることを意味する。報告書の記載内容には、私の陳述書と異なる点があった。そうであれば、最高裁は、さらなる資料の提出を求め、その不一致を解消するなど真実を知るための審理を続けるべきであるのに、それもなされなかった。

申立人から提出された証拠が、上記のものにとどまるというのは驚くべきことである。被申立人に対して不利益処分を科すものであり、かつ、一回勝負の手続なのであるから、十分な証拠資料に基づいて事実認定がされなければならないはずである。こうした手続を省略すれば必ず事実誤認が生じるが、重要なのは、その事実誤認に対してさらに不服申立てをすることはできないことである。こうした状況でも、証拠をほぼ報告書二通で済ませてしまうのであるから、最高裁に真実を発見する意思があったとはとうてい思われない。

起こり得なかったはずのこと

裁判官は、基本的に他の裁判官の裁判を見ることはない。しかし、私は、私以外の裁判官も、私と同じように、裁判における当事者の手続保障を十分にしたうえで、当事者の納得がいくまでその審理をしているものと信じている。当事者にとって、裁判というのはその一生を左右するほどの一大事であり、裁判官としても、双方当事者に主張立証を尽くしてほしいからである。

最高裁も、過去には、当事者の手続保障に鈍感な下級裁判所（最高裁の下位に置かれる高等裁判所・地方裁判所・家庭裁判所・簡易裁判所のこと）を指導していたことがあった。たとえば、地裁の決定に対し、敗訴したほうの当事者が不服申立てをした場合に、高等裁判所が、不服申立てがあったことを勝訴したほうの当事者に知らせないまま、その決定を取り消すことがあった。これでは反対当事者（地裁で勝訴した当事者）にとっては、寝耳に水の逆転敗訴であり、手続保障がなされていないことが明らかである。最高裁は、これを厳しく咎《とが》め、高裁の決定を破棄した。そのため、私を含む下級審の裁判官は、最高裁が当事者の手続保障をきわめて重視していると感じていた。

それゆえ、私は、岡口分限裁判において、不十分な手続保障しかされないどころか、意図的に争点を隠したまま審問が行われたことに大変なショックを受けた。少なくとも一昔前の最高裁ではこのようなことは起こり得なかったはずである。最高裁がいつのまにか変質していたことを知って、私はようやく大賀弁護士の警告の意味を理解したのである。

（1）「〈ノーカット〉岡口基一裁判官、司法記者クラブ会見」（二〇一八年九月一一日）。
https://www.youtube.com/watch?v=aY-M2aisKl4

5 全員一致の決定

約一カ月後の「不意打ち」

審問期日において、証拠の提出期限は一七日後と定められたが、岡口分限裁判の審理の終結日および決定日がいつになるかは伝えられなかった。法律上これらを告げる義務が裁判所にはないからである。

私の弁護団は、証拠の提出期限日が事実上の審理の終結日であると考えており、実際にそれは正しかった。また、決定日については、一四名の最高裁判事が議論し、寺西分限決定のように法学者および弁護士出身の最高裁判事の中から反対意見が出るであろうから、その準備を考えると、越年する(二〇一九年にずれ込む)のではないかと予想していた。

ところが、決定は意外と早くなされた。審問期日の約一カ月後である二〇一八年一〇月一七日に岡口分限決定が下されたのである。結果は戒告処分であった。

とすると、問題は、いかなる理由で懲戒事由があると判断されたかである。最高裁は、本件ツイートの一般の閲覧者は「元の飼主による訴訟提起自体を私が不当と考えている」と受け止めるとの事実認定をしたうえで、不用意にそのようなツイートをすることは裁判官に対する国民の信頼を損ね、また裁判の公正を疑わせるものといえるから、「品位を辱める行状」に当たると判断した。

不意打ちの決定であった。このようなことを理由として懲戒事由に当たると判断するのであれば、審理中にそれを明らかにしておかなければならない。そうすれば、被申立人側でも、本件ツイートの一般の閲覧者が上記のような受け止め方をしないということを反論および反証することができたからである。

たしかに、裁判官の分限裁判は、当事者が主体となって審理を行う民事訴訟の手続ではなく、裁判所が主体となって審理を行う非訟事件の手続によるから、裁判所が、申立人(東京高裁)が申立書に記載しなかったことを理由として懲戒事由があると判断すること自体は違法ではない。

しかし、裁判所が、申立書に記載のない理由によって懲戒事由があると判断するのであれば、審理の過程で、それを被申立人に明らかにし、その理由について被申立人が防御する機会を与えなければならないのは当然である。曲がりなりにも日本が近代司法国家であるのならば、被申立人が必要な防御の機会を与えられないまま不利益処分を受けることが許されていいはずがない。しかし、ほかならぬ最高裁判所で、それが起こってしまったのである。

その日は平日であったため、私は、夕方五時までの勤務を終えて、メールチェックをしたところ、野間弁護団長から、岡口分限決定がされたとの内容のメールがすでに夕方四時半頃に届いていた。弁護団の一部が予想していたとおりになった。私も、審問期日の最高裁長官とのやりとりから、戒告処分がされると理解すべきであったのである。やがて、野間弁護団長から岡口分限決定のＰＤＦファイルがメール送信されてきたが、私はその決定理由を読んでとても落胆した。最高裁に対する強い失望の念を抱かざるを得なかった。この第Ⅱ部後半でくわしく述べるとおり、決定自体にも数多くの問題があり、最高裁ともあろうものがこのようなレベルの決定を出すのか、と感じるくらいの内容だったからである。

再び会見へ

決定当日にも記者会見を開いたが、決定の問題点を短時間で記者に理解してもらうのは無理であろうとは思っていた。せっかくの記者会見であるから、岡口分限決定の問題点をできるだけわかりやすく説明しようとしたが、会見の場はあまり盛り上がらず質問もほとんどなかった。もう最高裁の決定が出てしまったのであるから、記者としては、それを報道すればいいだけなのだろうと私は思った。

なげやりになった私は、「もう裁判官辞めちゃおうかな。下級裁判所がどんなに頑張っても、一番上がこれでは意味がない」という趣旨の発言をしたところ、その発言を記事にしているところもあった。なお、私は林長官から裁判官をクビにしてやると言われており、その意味では戒告処分は一つの通過地点にすぎない。林長官が今後どのような手段で私を辞めさせるのかが最大の関心事となった、という話をすると、記者のみなさんは、とても興味深く聞いてくれた。この記者会見の様子も YouTube で見ることができる。(1)

ところが、その後のニュースや新聞記事を見ると、私の説明を丁寧に報道していたところもあったため、記者会見を開いたのは間違いではなかったと感じた。

ＮＨＫは、町村泰貴・成城大学法学部教授の「ツイートを理由に処分をするのは行き過ぎなのではないか」とのコメントも報じていた(一〇月一七日付)。また、東京新聞・中日新聞は、「裁判官の声が聞きたい」との見出しの社説で岡口分限決定を批判的に取り上げた(一〇月一九日付)ほか、「こちら特報部」欄でも、岡口分限決定の問題点を分析した(一〇月二〇日付)。地方紙でも、沖縄タイムスの連載において木村草太教授が岡口分限決定を何度か取り上げたほか(「木村草太の憲法の新手」九月一六日付、一一月四日付ほか)、共同通信でも、分限決定について「要は、型にはまらない裁判官を懲らしめたかっただけではないのか」と批判する竹田昌弘編集委員によるコラムが配信された(愛媛新聞一一月一五日付ほか)。

一部の大手マスコミは、私の記者会見中は熱心にメモを取っていたにもかかわらず、それにはほとんど触れず、岡口分限決定の内容を要約しただけの記事にしていた。やはり社によって記者の意識や最高裁との距離感に違いがあるようである。

週刊誌では、週刊現代が私のインタビュー記事を掲載したほか、文春砲として畏れられている週刊文春も、「文春オンライン」というネット媒体で「なぜ、白ブリーフだったのか」という私のライフヒストリーも含めた長文のインタビューを掲載した。(2)

また、著名人で岡口分限裁判に関心を寄せた方もいた。たとえばロンドンブーツ1号2号の田村淳さんは、木村草太教授をゲストに呼ぶなどして、自らホストを務めるテレビ番組およびラジオ番組で岡口分限裁判を分析的に批判した。そのほか、ジャーナリストの江川紹子さんや津田大介さん、作家・投資家の山本一郎さん、お笑い芸人の阿曽山大噴火さん、新潟で水俣病に苦しむ人たちを四〇年以上支援してきた萩野直路さんなどが決定を懸念して、様々な媒体で声を挙げた。

アカデミズムの世界においても、上述の木村教授をはじめ、西川伸一教授、新井誠教授、木下昌彦准教授、上田健介教授、堀口悟郎准教授などがインターネットや法律雑誌等で分限決定について論じているほか、老舗の法律雑誌『判例時報』で岡口分限裁判の特集が組まれ、学者や実務家の論文が数多く掲載された(二〇一九年三月一日(二三九二)号)。有斐閣の『平成30年度重要判例解説』においても岡口分限決定を扱う予定であるという。

そして、法律実務家は、それこそ多くの弁護士が、ブログなどで岡口分限裁判の問題点を指摘している。大阪弁護士会は、その月刊広報誌において、「問われる裁判官の市民的自由」と題する、岡口分限決定を批判する論文を掲載した(3)(二〇一九年一月号)。埼玉弁護士会では、岡口分限決定を批判的に検討する講演会を企画している。

「声」によって救われた

裁判所職員の労働組合である「全司法」の東京地裁支部民事部会が発行している機関紙「日刊みんじ」でも岡口分限裁判が取り上げられた(二〇一八年一〇月二四日付)。〝つぶやきたくなったら〟とのタイトルで、「岡口裁判官のフェイスブックやそこで紹介されたブログを読んでいた者として、この件の動向が気になっていた。今回の戒告処分で残念なことは反対意見がひとつもなかったことだ。もしかしたら現場でもこの件を話題にしてはいけないということになるかもしれない」と記されている。

寺西分限裁判の当事者である寺西和史判事も、『週刊金曜日』への寄稿のなかで(「岡口基一判事に対する不思議な懲戒申立て」二〇一八年一一月二日号)、「岡口氏が判決書の記載を直接確認せずに投稿したことを問題にしているようだが、それも疑問である。判決書を確認せずに新聞記事を引用し、誤った事実を流布してしまったというのであれば、判決書を確認しなかったことが問題になり得よう。

しかし、本件では、岡口氏が誤った事実を流布したことが問題になっているわけではない。……懲戒などあり得ないと思える事件」と述べている。

最近のわが国は、政・官・財の劣化に慣れてしまったのか、人々が、批判すること自体をしない傾向がみられる。不正義が行われていても、それに目をつぶってしまう人が増えているなかで、岡口分限決定については少なからぬ人たちが批判の声を上げた。決定内容の問題の大きさということもあるが、そもそも自らの関与していない裁判についてツイートをしただけの裁判官を戒告処分とすることへの根本的な疑問が根底にあるようにも感じられる。あるいは、こういう時代においても裁判所だけは正義を貫徹してほしいという期待からの叱責なのかもしれない。

いずれにせよ、私は、これらの批判に大変に救われた。精神的にラクになったということもあるが、もっと現実的なことがある。仮に、世論が岡口バッシングに動いていたら、私は、裁判所当局のもくろみどおりに裁判官の辞職に追い込まれていたかもしれないのである。志田陽子教授は、裁判官の戒告処分は「……懲戒を受けた当人からの依願退職が期待されるなど、当人の職業継続にとって深刻な障碍が生じうる」と指摘している(4)が、たとえば、私の担当事件の当事者がこぞって私に対する忌避《きひ》の申立て(私がその事件の担当から外れることを求めること)をするような事態になっていたら、依願退職も選択肢とならざるを得なかったであろう。

ちなみに、二〇〇一年の古川龍一判事の分限事件では、同判事は、問題となった行為を理由として忌避された後に、辞職願を提出している。[5] また、私宛ての抗議文書が多数送られたり、私の名前で商品の注文をして裁判所に届けさせるなどの嫌がらせもあったかもしれない。幸いそうした事件がなかったのは、岡口分限決定が出た後、直ちに、それを批判する論調が現れ、それが現在まで続いているからなのではないかと感じている。

（1）「〈ノーカット〉岡口基一裁判官、司法記者クラブ会見」（二〇一八年一〇月一七日）。https://www.youtube.com/watch?v=Maq-1Grk_LY
（2）「東京高裁〝ブリーフ裁判官〟の告白「なぜ、白ブリーフだったのか」裁判官・岡口基一インタビュー#1」文春オンライン（二〇一八年一一月二六日付）。http://bunshun.jp/articles/-/9790
「「あいみょんを懲戒処分後に聴きました」〝白ブリーフ判事〟の数奇な人生　裁判官・岡口基一インタビュー#2」（同日付）。http://bunshun.jp/articles/-/9791
（3）井奥圭介「〈検証　司法改革　第63回〉問われる裁判官の市民的自由　岡口判事分限裁判」月刊大阪弁護士会二〇一九年一月号四二頁。
（4）志田前掲意見書（第Ⅱ部1章注3参照）。
（5）最高裁二〇〇一（平成一三）年三月三〇日大法廷決定の福田博反対意見参照（URLは1章注4参照）。

6　分限決定を見る

ここからは、岡口分限決定を分析し、その問題を論点ごとにみていきたい。

岡口分限裁判には、当事者の手続保障を図ることなく、むしろ論点をあえて隠して進行するという手続上の大問題があったが、その手続を経て下された岡口分限決定自体にも、やはり多くの問題が含まれていたのである。

一　不可思議な事実認定

「一般閲覧者」はツイートをどうみるか?

事実認定の問題点を検討するにあたって、岡口分限決定では、本件ツイートをいかなる理由で

「品位を辱める行状」と認定判断したのかを正確に確認しておこう。

以下、長くなるが、岡口分限決定は次のように判示した。

……本件ツイートは、一般の閲覧者の普通の注意と閲覧の仕方とを基準とすれば、そのような訴訟を上記飼い主〔元の飼主〕が提起すること自体が不当であると被申立人が考えていることを示すものと受け止めざるを得ないものである。

……そうすると、被申立人は、裁判官の職にあることが広く知られている状況の下で、判決が確定した担当外の民事訴訟事件に関し、その内容を十分に検討した形跡を示さず、表面的な情報のみを掲げて、私人である当該訴訟の原告が訴えを提起したことが不当であるとする一方的な評価を不特定多数の閲覧者に公然と伝えたものといえる。被申立人のこのような行為は、裁判官が、その職務を行うについて、表面的かつ一方的な情報や理解のみに基づき予断をもって判断をするのではないかという疑念を国民に与えるとともに、上記原告が訴訟を提起したことを揶揄するものともとれるその表現振りとあいまって、裁判を受ける権利を保障された私人である上記原告の訴訟提起行為を一方的に不当とする認識ないし評価を示すことで、当該原告の感情を傷つけるものであり、裁判官に対する国民の信頼を損ね、また裁判の公正を疑わせるものでもあるといわざるを得ない。

したがって、被申立人の上記行為は、裁判所法四九条にいう「品位を辱める行状」に当たるというべきである。

前章で述べたとおり、本件ツイートの一般の閲覧者は、「元の飼主による訴訟提起自体を私が不当と考えている」と受け止める――これが岡口分限決定における最高裁の事実認定であり、上記の判示でいえば、最初の部分に当たる。要するに、一般の閲覧者は、私が元の飼主の方による訴訟提起自体を非難していると受け止めるというのだ。

まず、この事実認定について検討していこう。

ここで、読者の皆さんに質問してみたい。一般の人は本件ツイート(プロローグⅶ頁参照)を見てどのようなことを感じるであろうか。

通常は、まずは大きな犬の画像や太字のニュース見出しが目に入ることから、犬の裁判のニュース記事を紹介したツイートであると理解するであろう。

また、ツイートの文字部分は、犬を保護して育てていた者を主語としているから、その者を「語りべ」として当該記事を紹介したものであり、最後の「裁判の結果は:」が当該記事への誘導部分と理解されるであろう。

そうすると、一般の人は、本件ツイートを見ても、ニュース記事の紹介ツイートと思うだけで、特にそれ以上のことは何も感じないのではないだろうか。

ところが、最高裁は、そうは考えなかった。最高裁は、一般の人が本件ツイートを見ると、私が元の飼主の方を非難しているように受け止めると認定したのだ。これ自体、私にとっては、なかなか承伏し難い認定ではある。

もっとも、「え?あなた?この犬を捨てたんでしょ? 三か月も放置しておきながら…」との文字部分だけに着目すれば、私が元の飼主の方を非難しているように受け止めるかもしれない。そこで、この部分だけを切り取って岡口分限裁判を報道したマスコミもあった。しかし、表現行為は、その一部のみを抜き出すとまったく別の意味になることもあるから、文脈に言及することもなく一部だけを切り取って報道することは本来許されないというべきである。

想像による事実認定?

そこで次の質問である。本件ツイートを読んだ一般の人が、私が元の飼主の方を非難していると受け止めたと仮定する。その人は、果たして、私が何を非難していると感じたのであろうか。

「元の飼主が犬を捨てたこと」を私が非難したととらえた人がいるかもしれない。あるいは、「犬が三カ月も放置されたこと」を私が非難したと思った人もいるかもしれない。

しかし、「元の飼主が訴訟を提起したこと」自体を私が非難したと受け止めた人はどのくらいいるだろうか。

最高裁は、まさにそのように事実認定をしたのである。岡口分限決定は、こうした事実を認定した根拠として、東京高裁を訪れた元の飼主の方より抗議があり、本件ツイートの削除、また削除後にも同裁判所に対し被申立人を注意するよう求められたことを挙げている。つまり、当該訴訟の当事者による抗議等を根拠として、「一般の閲覧者」が上記のように受け止めたと認定しているのである。

憲法学が専門である木下昌彦・神戸大学准教授は、上記事実認定のような「……本件ツイートの理解の仕方は管見の限り、本件事案の記録文書には一切現れておらず、唐突感が否めない。また、「一般の閲覧者の普通の注意と閲覧の仕方」とを基準として、そのような読み方ができるのかも甚だ疑問である。本決定がその裏付けとして挙げているのは、一般の閲覧者というよりも、むしろ、本件ツイートそれ自体に利害関係のある飼主の理解に留まることも、そのような事実認定に対する疑念に拍車をかけるものとなっている」と指摘している(1)。

しかも、その当該事件の当事者（元の飼主）の方も、東京高裁に対し、「訴訟提起自体を非難されたと受け止めた」などとは述べていないものである。

このように、最高裁が行ったのはまさに証拠に基づかない事実認定であり、一四名の最高裁判事の頭の中での「想像」にすぎない。

アンケートの結果は

私は、上記の事実認定が正しいのかどうかを確かめるためにアンケートをしてみることにした。東京都豊島区の東池袋地区で、飲食店「酒母」のスタッフの方々の協力で一〇〇人を対象にアンケートを行った。本件ツイートの画像を示したうえで、「岡口基一さんが、このツイートで、元の飼い主を非難していると仮定します。岡口基一さんは、元の飼い主のどのようなことを非難していると思いますか」との質問に対し、自由に回答ができるようにした。

すると、「訴訟を提起したことを非難している」と回答した人は一人もいなかった。ちなみに、回答の中で最も多かったのは、「何も非難していない」の三六人であり、次に「犬を捨てたことを非難している」の二四人である。

もちろん、当事者が関与したアンケート一つでは証明できないとの意見もあるだろう。しかし、最高裁は、何ら実証的な根拠を示していない。被申立人に不利益処分を与える手続において、根拠にならないものを根拠として事実認定が行われ、そのあげく、認定した事実が間違っていたという結果である。しかも一四名の最高裁判事の全員一致の決定というのであるから、最高裁の「劣化」という批判が出されるのも当然であろう。

要約か、「非難」か

次に、本件ツイートの本文にある「え？あなた？この犬を捨てたんでしょ？　三か月も放置しておきながら：」の部分についての事実認定を検討してみよう。ここで問題になるのは、一般の閲覧者が、この部分を、ツイート主である私のセリフと認識するか、それとも、犬を拾った方のセリフと認識するかという点である。

本件ツイートは、先述のように、犬の画像が中央にあって全体の面積の半分近くを占め、その下の記事の見出しが黒字で大きく目に入るレイアウトになっている。つまり、本件ツイートの本文が当該報道記事の要約であることは、その旨の記載がなくとも、本件ツイートの全体から視覚的にわかるものである。

そういう状況で、上部に小さく書かれている本件ツイートの本文を読むものであるが、その書き出しにおいて、犬を拾った方が主語になっているから、「え？あなた？この犬を捨てたんでしょ？三か月も放置しておきながら：」の部分もその方のセリフと読むのが「一般の閲覧者の普通」の読み方ではないか。その具体的な内容はリンク先の記事の中に現れるのであろうと思いながら読むのが通常である。

また、本件ツイート内のリンクをクリックして記事を読めば、「え？あなた？この犬を捨てたんでしょ？　三か月も放置しておきながら：」というのが犬を拾った方の言い分であることが明らかになる。当該記事中には、犬を拾った方が、元の飼主が当該犬を捨てた(所有権を放棄した)との主張をしていることが記されており、また、「約三カ月も、なぜ探さずに放置していたのか」と疑問に思ったと書かれているからである。

念のために、この点についても「酒母」の協力でアンケートをしてみた。先述のセリフは犬を拾った方のものであるとの回答が一〇〇人中八一人であった。

ジャーナリストの江川紹子さんも、「……ツイートのうち「公園に放置~」から「3か月も放置しておきながら…」までは、事実経過と原告・被告の主張をコンパクトに要約したもの。最後に「裁判の結果は…」と記事を紹介するだけで、岡口氏の意見は書かれていない」と指摘している[2]。

ところが、岡口分限決定は、「本件ツイートには、「え?あなた?この犬を捨てたんでしょ? 三か月も放置しておきながら…」の部分が、専ら上記訴訟の被告(犬を拾った方)の言い分を要約して述べたにすぎないものと理解されることとなるような記載がない」と判示している。つまり、そういう記載がないから、この部分が犬を拾った方の言い分とは理解されないとの判示をしているのである。

岡口分限決定は、「……報道記事にも本件ツイートで用いられたような表現は見当たらず」ともしているが、上記のとおり、当該記事中には、「約三か月も、なぜ探さずに放置していたのか」と犬を拾った方自身の思いが記載されており、これは、「三か月も放置しておきながら…」という

「本件ツイートで用いられたような表現」そのものであると私は考える。

当該記事は、吉崎報告書Bに別紙として添付されており、岡口分限裁判の最も基本的な資料といえる。一四名の最高裁判事はこの記事を本当に読んだのであろうか。また、最高裁には、当該事件の担当の最高裁調査官(三宅知三郎判事)がいるほか、裁判所書記官もいて、決定の内容は何重にもチェックされたはずであるが、この点は見落とされたのであろうか。

少なくとも私には、本件ツイートが一般の閲覧者から「訴訟提起自体を私が非難している」と受け止められるとの認識はなかった。また、私は、上記の部分を犬を拾った方のセリフとして記載したものであるが、これを私のセリフと誤解した方が少数ながらいらっしゃったとしても、そのことを理由に表現者である私は何らかの処分を受けたり謝罪を行ったりすべきなのだろうか。

これらの点は、「故意の要否」とも関わっている。確かに、裁判官の懲戒処分は、刑事裁判の被告人に対する刑罰の適用とは異なり、「故意」が要件とはされていない。しかし、毛利透教授は、「辱める」とは法令用語としては異例の表現であるから、「品位を辱める行状」とは、単に品位を害するというにとどまらず、品位を強度に害する行為と認定できるものでなければならないと指摘しており[3]、この点を踏まえると、裁判官が故意にした行為であるからこそ、その品位を「著しく」害したといえるのではないだろうか。

また、本件ツイート行為のような表現行為の場合、本人がまったく予想していなかった結果が生じたことに対し、それを非難して不利益処分とするのでは、いかなる誤解も生じさせないようにしなければならないと、表現行為に対する萎縮効果を招きかねない。そこで、とりわけ表現行為の場合、「品位を辱める行状」とは原則として裁判官が故意にした行為に限られるというべきであると考える。

「裁判官によるツイート」は明らかだったか

不可思議な事実認定はさらにある。

「本件ツイートが裁判官によるものと知られている状況の下で行われたことは、……明らかに認められる」との認定もそうである。岡口分限決定は、このように認定した根拠として、最初の厳重注意処分を受けることになったツイートを投稿したこと、私が自分のアカウントで二〇一八年二月に中村真弁護士との対談本について紹介したこと、また、私の二回の厳重注意処分がいずれも広く報道されたことを挙げている。

しかし、たとえば、原宿や渋谷で「岡口基一さん」を知っていますかと私の画像を示して尋ねても、知っている方はほとんどいないであろう。世間の人は、裁判官のニュースにそこまでの関心はないのであって、このような認定をしてしまうこと自体、法曹関係者の思い上がりを感じざるを得ない。

また、対談本に関するツイートも、固定ツイートではないから、すぐに新しいツイートの奥に隠れてしまい、その後は意図的に探さない限り、事実上閲覧できない。ツイッターには一覧機能がないため、延々とスクロールを繰り返して何カ月も前のツイートにたどり着くことは事実上ほとんど不可能だからである。なお、厳重注意処分を受けたツイートはすぐに削除されている。

にもかかわらず、私のツイートが裁判官によるものと知られていることが「明らかに」認められると簡単に言い切ってしまうのであるから、最高裁の事実認定は「雑」としか言いようがない（なお、「明らか」という強調語を用いるのは、裁判官が認定に自信がないときである。中身で説得することができないため言葉の力を借りるのである）。

もっとも、私は、最高裁から、全国的な有名人であることが「明らか」な裁判官であるとのお墨付きをもらえたのであるから、そんなに悪い気はしていない。世間の人たちは、最高裁判事の名前を一人も言えないのが通常だからである。

二　ツイッターの特性に対する無理解

一四〇文字の制限

岡口分限決定には、最高裁判事がツイッターというものを理解していないと思われる説示がいくつもみられる。

たとえば、先にも挙げた次の説示である。

「本件ツイートには、上記飼主が訴訟を提起するに至った事情を含む上記訴訟の事実関係や上記飼主側の事情について言及するところはなく、上記飼主の主張について被申立人がどのように検討したかに関しても何ら示されていない」

一四名の最高裁判事は、ツイッターに字数制限（一四〇文字以内）があることを果たしてご存じなのだろうか。

短文を投稿するSNSであるツイッター上の表現に対し、このような評価や判断をすること自体、ネット世代からするとショッキングであり、デジタル社会におけるギャップを痛感させられる。とはいえ、岡口分限決定には、若い世代である最高裁調査官も関与している。裁判所職員はネットでの情報発信を事実上制限されているが、その弊害がこういう形で現れてしまうのであろうか。

また、岡口分限決定は、本件ツイートが「判決が確定した担当外の民事訴訟事件に関し、その内容を十分に検討した形跡を示さず、表面的な情報のみを掲げ」たとも述べている。

しかし、ニュース記事を紹介するツイートにおいては、その記事の要旨として「表面的な情報のみを掲げ」、その詳細は、ニュース記事自体を読んでもらうことにするのは、むしろ当然である。訴訟の「内容を十分に検討した形跡を示」していたりしたら、一四〇文字をオーバーしてしまうからである。

「一般の閲覧者」をどう考えるか

また、第Ⅰ部2章でも述べたように、ツイートというのは、テレビや新聞とは異なり、星の数や砂の数ほどあるアカウントの中から、お目当てのアカウントを自ら探して見にいかなければ目に入らないものである。そのため、ある特定のアカウントの閲覧者は、ほとんどがそのアカウントのフォロワーかあるいはフォロワーのフォロワーくらいである。

そして、たとえば、あるアカウントにおいて、表現方法についての特殊なスタイルやルールを常日頃から採用していたとすると、それに慣れている昔からのフォロワーらは、そのスタイルを意識しながらツイートを読む。

他方、新聞やテレビは、自ら探して見に行かなくても自然に目に入ってしまうことがあり、また、そのため、表現行為の特殊なルールなどはないといえる。

このようなSNSと新聞・テレビの相違を、ほとんどの裁判官がまだ理解していないのではないか。岡口分限決定にも、このことへの無理解がとてもわかりやすく現れている。

というのは、岡口分限決定は、「一般の閲覧者の普通の注意と閲覧の仕方」を基準として、本件ツイートの評価をしており、岡口分限決定の最高裁調査官解説でも、その評価に基づいた解説がさ

れているからである。(4)

岡口分限決定でいう「一般の閲覧者」とはどういう人たちなのであろうか。実際に私のツイートを「閲覧」していたのは、私のフォロワーまたはそのフォロワーであり、多くは法曹関係者か法律の勉強をされている方と思われる。また、私は、一〇年近くツイッターを続けていたから、フォロワーの多くは、私の文章の癖やトーンに慣れ、その意図を誤解するという人はあまりいない。

しかし、岡口分限決定でいう「一般の閲覧者」とは、そういう予備知識のある「特定の閲覧者」ではなく、それ以外の閲覧者のことを念頭に置いているようである。ところが、そういう方は、私のツイッターをまず見に来ない。とりわけ本件ツイートはリツイートが数件しかなくほとんど「拡散」されなかったから、実際に目にとまることもなかっただろう。

本件ツイートの「拡散」状況も岡口分限裁判では調べられていない。被申立人側は、フォロワー以外の「一般の閲覧者」がどのように受け止めるかというのが重要な判断ポイントであるということ自体知らされていないため、「拡散」の有無の立証が必要であるとの認識にすら至らなかった。

ツイッターというツールと読者

岡口分限決定では、「不特定多数の閲覧者」「不特定多数の者」という文言も現れるが、これも上記「一般の閲覧者」と同様の意味で用いられているのであろう。補足意見でも同様の表現が用いられている。しかし、ほとんど拡散されなかった本件ツイートを閲覧したのは、実際にはフォロワー（またはそのフォロワー）だけであるから、その意味では「特定多数の閲覧者」とでもいうべきものであろう。

もちろん、ツイッターは、ネットを通じて誰でも見ることができる空間であるから、これまで私のツイートを見たことがない人が、たまたま本件ツイートを目に留めることもないわけではない。そういう方は、私の文章の癖やトーンにも慣れていないから、私の意図を誤解することもあり得よう。しかし、仮に本件ツイートが「裁判官に対する国民の信頼を損ね、また裁判の公正を疑わせる」ものとして裁判官が戒告処分を受けるほど深刻な問題を含むものであれば、コメント欄が批判的なコメントであふれて炎上したり、本件ツイートが批判の対象として広く拡散されていてもおかしくない。私は、これまで一度も「ブロック」をしたことがなく、コメント欄で私への批判を繰り返していた方も少なからずおられたので、私が問題のあるツイートをしていれば、そういう方々が真っ先にコメントしていたであろう。ところが、本件ツイートに対しては、そもそもコメント自体が一つもつかなかったし、本件ツイートが拡散することもなかったのである。

こういうコメント欄の状況も岡口分限裁判ではまったく調べられなかった。最高裁判事や最高裁調査官は、ツイッターにコメント欄があるということ自体ご存じないのかもしれない。

かつて寺西分限裁判で代理人の一人を務めた海渡雄一弁護士は、「……ツイートする場合には、一四〇文字という厳しい字数制限がある。訴訟の事実関係や上記飼い主側の事情について言及することなど、最初から不可能である。……決定は、ツイッターという表現手段の仕組みと制約条件を正確に理解して書かれたものとは思えない」と指摘している。(5)

また、同弁護士は、「多くの市民が、岡口判事のツイッターをフォローし、楽しんできたことが、岡口判事のツイッターが市民の司法に対する信頼を傷つけていないことのなによりの証左である」とも述べている。(6)

三 スルーされた「表現の自由」と「裁判官の独立」

二〇年ぶりの判断の機会

憲法二一条は、「集会、結社及び言論、出版その他一切の表現の自由は、これを保障する」と規定している。

岡口分限決定は、表現行為であるツイートに対し不利益処分を科すものであるから、表現を事後的に規制するものとして、表現の自由の侵害の有無がストレートに問題となる。

最高裁大法廷は、裁判官の表現の自由が問題となった一九九八年の寺西分限決定において、表現の自由を「基本的人権のうちでもとりわけ重要なもの」と位置づけたうえで、表現の規制は、「合理的で必要やむを得ない限度にとどまるものである限り、憲法の許容するところ」であるとする判断の枠組みを示した。さらに、寺西判事補に対して戒告処分をすることは、「合理的で必要やむを得ない限度にとどまる」表現の規制であるから表現の自由の侵害に当たらないことを、相当の分量を割いて論じた。

そこで、岡口分限裁判においても、私の弁護団は、公務員が私人として表現の自由を享受できることを最初に確認した猿払事件の最高裁大法廷判決(一九七四(昭和四九)年一一月六日)[7]を挙げるなどして、本件ツイート行為に対し戒告処分をすることが表現の自由の侵害に当たる旨の詳細な主張をするとともに、学者および弁護士の意見書を多数提出した。裁判官の表現の自由の尊重を求める署名運動をしていた有志の弁護士らも、意見書を最高裁に提出した[8]。

ところが、岡口分限決定は、寺西分限決定で示された上記の判断枠組みにしたがった検討をしなかったどころか、表現の自由の侵害の有無についての具体的な判断を一切示さなかった。いわゆる「なお書き」において、本件ツイートは「表現の自由として裁判官に許容される限度を逸脱したものといわざるを得ないものであって、これが懲戒の対象となることは明らかである」と一言述べただけである(ここでも「明らか」という強調表現が使われている)。

実は、最高裁大法廷において表現の自由についての判断がされるのは、寺西分限裁判以来二〇年ぶりのことであったにもかかわらずである。

国民の知る権利は

類型的に表現の自由の保障の対象にならない表現行為がある。たとえば、他人の名誉を毀損する表現やプライバシーを侵害する表現である。

これらの表現行為の場合、名誉毀損やプライバシー侵害に当たることを説示すれば、表現の自由の範疇《はんちゅう》外であることが明らかになるから、それに加えて、表現の自由が侵害されたかどうかについて具体的に説示する必要はない。

しかし、本件ツイート行為は、表現の自由の範疇外であることが明らかとはいえないから、表現の自由の侵害の有無について具体的に判断する必要があるといえる。

憲法学が専門である新井誠・広島大学大学院教授も、本件ツイートについて、「一応のところ表現の自由の保障の範囲内であるとして、その制約の正当性について改めて検証してもよいはずである」と指摘している(9)。

また、表現の自由は、表現をする側だけではなく、その受け手の知る自由や利益をも含む概念である。本件ツイートは、裁判官による表現行為であるが、その受け手は一般国民であり、公共的事項に属する判決の存在について知り、その法的問題点を検討する機会ともなり得たものである。つまり、本件ツイートの規制は、一般国民が公共的事項を知る権利の侵害という側面もあるといえる。

田中篤子弁護士は、『市民新聞　上越よみうり』の連載コラムにおいて、「裁判官による情報提供や意見表明は、国民にとっては裁判官の視点に触れ、紛争の予防や解決に役立てられる貴重な機会であり、国民の知る権利（憲法21条）に寄与するものです。裁判官のＳＮＳ利用の制約によって被る国民の側の不利益も無視することはできないでしょう」と指摘している（二〇一八年九月一二日付）。

無視された判例の蓄積

表現の自由については、長年の学説・判例による解釈が蓄積しているが、その到達点は、表現の規制は「公共の福祉のために合理的で必要やむを得ない」場合に許されるにすぎず、しかも、その審査は「厳格な基準」に基づかなければならないということである。最高裁自身がこのことを繰り返し述べてきた。

また、最高裁は、この「厳格な基準」を具体化した理論に依拠してきた。たとえば、「過度に広汎ゆえに無効の法理」(10)「漠然性ゆえに無効の法理」(11)、名誉毀損事案における「相当性の理論」(12)などである。

しかも、従来の最高裁は、萎縮効果を防止するために、判決理由中で、表現を規制する際の限界や規制の是非を判断する際の一般的な考慮要素まで提示していた。規制の対象となるおそれのある表現をしようとする者は、表現の自由として許される範囲が明確でないと、表現すること自体を避けてしまう。いわゆる萎縮効果の問題であり、本来許されている表現行為まで事実上制約されるおそれがある。そこで、最高裁は、当該事件について解決するだけではなく、その周辺の表現行為のことまでも考慮して、一般的な考慮要素を示してきたものである。

寺西分限決定においても、当該事案について判示するに先立ち、一般的に、裁判官のなし得る政治活動の範囲についての説示がされた。

このような過去の最高裁判決・決定と岡口分限決定はまったく異なる。岡口分限決定は、表現の自由に関する論点に一切触れなかったのである。「厳格な基準」等の表現の自由の法理やそれに依拠した判例の蓄積があることからすると、その枠組みにしたがって判断しないこと自体、一種の判例違反ということもできる。

また、岡口分限決定で、最高裁が表現の自由にかかる判断から逃げたことで、いまや、裁判官以外の者の表現についても、表現の自由に関わる判断をせずに、フリーハンドで恣意的な判断がされる懸念が生じた。

ジャーナリストの津田大介さんが、「一般の会社などでも同様の処分が下される悪例になりかねないことを危惧しています」と述べる[13]など、岡口分限決定が、一般社会における表現の自由の制約にもつながりかねないとする指摘も多い。過去の判例理論の蓄積を平気で無視する最高裁は、既に表現の自由の守り手ではないのかもしれない。

岡口分限決定の補足意見は、「本件のような事例によって一国民としての裁判官の発言が無用に萎縮することのないように、念のため申し添える次第である」と述べているが、非常に虚しく響く。木下昌彦准教授も、この補足意見について、「……裁判官に対し表現活動について萎縮しないよう求めている。しかし、萎縮しないよう求めるという言説だけでは萎縮効果を抑止するための措置としては何の意味ももたない」と述べている(14)。

もうひとつの重要論点

岡口分限決定が憲法判断から逃げたのは表現の自由だけではない。裁判官の独立についても何一つ判断をしなかった。

プロローグでも引用したように、憲法七六条三項は、「すべて裁判官は、その良心に従ひ独立してその職権を行ひ、この憲法及び法律にのみ拘束される」と、裁判官の独立を規定している。この規定が実効性をもつためには、裁判官が、裁判所当局による統制からも自由であることが必要であり、ここでいう統制にはもちろん分限裁判も含まれる。不当な懲戒処分を畏れて裁判官が萎縮するようでは、裁判官の独立、司法権の独立、そして司法への国民の信頼が失われてしまうからである。

とりわけ、「品位を辱める行状」という懲戒事由は、裁判官の独立の観点から問題が生じ得る。

なぜなら、この懲戒事由は、職務と関係しない裁判官の私生活にも及ぶものであるから、広くこれに当たるとすると、裁判所当局は、私生活上の行為を理由に裁判官を分限裁判にかけることが容易となり、裁判官は裁判所当局の恣意的な行使を畏れざるを得なくなるからである。

その場合、裁判官は、私生活においても、自分を律し、懲戒を受けないように注意しなければならなくなり、裁判所当局に四六時中監視されているという感覚をもちかねない。

また、裁判官は一〇年ごとに再任されるが、再任するか否かについては最高裁に広い裁量が認められている。多くの者は任期中に懲戒処分を受けると再任に影響するのではないかと考えてしまうであろう。

そのような状況に置かれると、裁判官の裁判所当局からの独立は危うくならざるを得ない。そこで、裁判所当局が、裁判官の私生活上の権利行使に対してみだりに介入することは、「裁判官の独立」を侵すものとして許されないというべきである。

寺西分限決定の尾崎反対意見は次のように述べている。

「自主、独立して、積極的な気概を持つ裁判官を一つの理想像とするならば、司法行政上の監督権の行使、殊に懲戒権の発動はできる限り差し控え、だれの目にも当然と見えるほどの場合に限るとすることが、そのような裁判官を育て、あるいは守ることに資するものと信じるのである」「限界例にまで懲戒権を発動することが、特に若年の裁判官が前述のような自主、独立、積極的な気概を持つ裁判官に育つのを阻害することを、私は危惧する」

裁判官の私生活への影響は

本件ツイート行為は、私生活において行われたものであるが、何ら違法なものでもなく重大な非行ともいえないと私は考える。とすると、本来、そのようなものを理由にして裁判官を分限裁判にかけるべきではないということになる。

そこで、岡口分限裁判では、「裁判官の独立」が真正面から問題とならざるを得ない。しかも、岡口分限裁判は、ツイッターをやめさせるために申し立てられたものであることが、申立人から提出された証拠により明らかになっている。この点は報道などでも必ずしも伝えられなかったが、申立て自体が既に裁判所当局による裁判官の私生活への過度の干渉であり、「裁判官の独立」を害すると認められるべきものである。

そのため、私の弁護団は、本件分限裁判の申立ては裁判官の独立の見地からも大いに問題がある旨を詳細に主張した。ところが、岡口分限決定は、先述のとおりこの弁護団の主張を一切無視し、裁判官の独立については何の判断も示さなかった。最高裁大法廷が、当事者から明示的になされている憲法上の主張を平気で無視したのだから、これはゆゆしきことである。

また、岡口分限決定は、結果として戒告処分を認めたことで、裁判所当局が裁判官の私生活におけるツイート行為で戒告処分をしたという悪しき前例をつくってしまった。今後、裁判官への心理的な影響が長期的に続くであろうことに鑑みれば、裁判所当局からの「裁判官の独立」は、岡口分限決定によって大きく侵害されたといわざるを得ない。

澤藤統一郎弁護士は、『日刊ベリタ』のコラムにおいて、「これは、司法行政による裁判官統制なのだ。その統制の成否こそがこの件の真の問題点」「裁判官が萎縮せずに、市民的自由を行使することの重要性を強調したい。裁判官は、市民としての生活の中から市民感覚を涵養《かんよう》することになる。法廷と官舎を往復するだけで、市民生活から超越した生活では自らの市民感覚は育たず、市民の感覚も感性も感情も理解できなくなる」と指摘している(15)。

なお、後日談であるが、最高裁が発行し、裁判所職員全員に配付される『裁判所時報』の一面に岡口分限決定が掲載された。裁判所時報は、裁判所職員の職務上有益な裁判例を紹介して、これを裁判所職員に周知させるためのものである。その紙面に岡口分限決定が掲載されたことが、裁判所職員からの少なからぬ反発を呼んだという。裁判所職員は、最高裁による「見せしめ」的な要素を感じたのである。

四 「ちゃぶ台返し」の補足意見

「ラストストロー」論の登場

この第Ⅱ部の1章で取り上げた寺西分限決定には、迫力のある反対意見が五人の最高裁判事により付され、今日まで様々な実務家・研究者の議論の糧となっている。

他方、岡口分限決定における補足意見(行政官僚出身の山本庸幸、林景一各判事、弁護士出身の宮崎裕子判事によるもの。以下、単に「補足意見」という)は、後述するように、決定内容と矛盾しており、また、分限裁判の構造を理解していないと考えられる。

特に多くの論者に指摘されているのは、補足意見の内容が岡口分限決定の内容と矛盾している点である。その意味では、反対意見というべきものかもしれない。

具体的にみてみよう。岡口分限決定は、「本件の処分理由は、過去の行為そのものを蒸し返して再度問題にするものではない」と補足意見が指摘するとおり、過去の行為を含めずに、本件ツイート行為のみを対象行為として「裁判官の品位を辱める行状」に当たるとしたものである。

ところが、補足意見は、本件ツイート行為は、ラストストロー(一本のわらしべ)でしかなく、すでに積み重なっていたわらの束(=過去の二回の厳重注意処分)が実質的な懲戒事由に当たると判示した。すなわち、補足意見は、このように述べている。

……被申立人は、本件に先立つ2年余りの間に、本件アカウントにおいて行ったいくつかの投稿の内容につき、東京高等裁判所長官から、2度にわたって、裁判官の品位と裁判所に対する国民の信頼を傷つける行為であるなどとして、口頭又は書面による厳重注意を受けている。……本件ツイートは、いわば「the last straw」(ラクダの背に限度いっぱいの荷が載せられているときは、麦わら一本積み増しても、重みに耐えかねて背中が折れてしまうという話から、限界を超えさせるものの例え)ともいうべきものであろう。

岡口分限決定が、無理矢理な事実認定までして本件ツイートを懲戒相当と評価したにもかかわらず、その補足意見は、本件ツイートは一本の麦わら程度の重みしかなかったとしており、岡口分限決定を全否定する、いわば「ちゃぶ台返し」になってしまっているのである。

海渡雄一弁護士は、「この補足意見は、今回のツイートが一本の藁にも等しい些細なものであることを自認している」と指摘している[16]。

補足意見は、そもそも、分限裁判の構造を理解していないようである。戒告処分となるのは、1章でも述べたように、**i**懲戒事由に該当する行為があり、かつ、**ii**その行為を理由に懲戒処分をするのが相当である場合である。

このうち、**i**については、専ら本件ツイート行為自体で判断されなければならず、過去の厳重注意処分を考慮することができるのは**ii**の判断においてである[17]。岡口分限決定自体は、この点を正確に理解しており、本件ツイート行為が単独でⅰの懲戒事由に当たると説示したうえで、ⅱの判断の中で過去の厳重注意処分について検討している。

ところが、補足意見は、「過去の厳重注意処分」+「ラストストロー」でⅰを充足すると判断している。つまり、過去の厳重注意処分をⅰの問題としてしまっているものである。

なお、仮に、過去の厳重注意処分を、本件ツイート行為とともにⅰの懲戒事由の問題とするのであれば、それを被申立人が争うための手続保障をすることも不可欠である。

過去の厳重注意処分も懲戒事由の判断の対象とすることが告げられていれば、私たちも被申立人として反論および反証を追加したところである。たとえば、厳重注意処分の対象となったツイートの中にはツイログから「発掘」されたツイートまで含まれていることを、補足意見を書いた三人の最高裁判事は知っていたのだろうか。

井戸謙一元判事は、東京新聞「こちら特報部」の取材に対し、「懲戒を申し立てられた側の過去が重要なら、最高裁はそう示して弁解の機会を与えるべきであった」と答えている(一〇月二〇日付)。

二度の厳重注意と「同種同様の行為」

補足意見は、本件ツイート行為について、「過去2回受けた厳重注意と……同種同様の行為を再び行った」ものであるとも認定している。

しかし、ここでいう「同種同様の行為」を「再び行った」というのは、一体どういう意味なのであろうか。

過去の二回の厳重注意処分の対象となったツイートと本件ツイートは、ツイートの内容も注意の理由もまったく異なるものであり、「同種同様の行為」とは直ちに呼べるものではない。それをいとも簡単に「同種同様の行為」と認定してしまうところにも、この三人の最高裁判事が行う事実認定の「雑」ぶりがよく現れている。

新井誠教授も、先述の寄稿において、この「同種同様の行為」との認定に関わって、「……「本件と類似する行為」あるいは「同種同様の行為」を「再び行った」のかどうかという評価もさることながら、特に補足意見の議論からすれば、理由がどうであれ、僅かな規律違反を単一でしただけで、それ自体が戒告処分事由とされてしまう可能性は秘めている」と疑問視している。(18)

（1）　木下昌彦「岡口判事事件決定に接して」。https://okaguchik.hatenablog.com/entry/2018/10/21/093151

（2）　江川紹子「〈Twitter 投稿で戒告処分〉言論の自由がない裁判官に、言論の自由についての判断ができるのか」Business Journal(二〇一八年一〇月二三日付)。

（3）　毛利前掲意見書(第Ⅰ部5章注6参照)。

（4）　森英明・三宅知三郎「〈最高裁大法廷　時の判例〉裁判所法49条にいう「品位を辱める行状」の意義ほか

——最高裁平成三〇年一〇月一七日大法廷決定」ジュリスト二〇一九年一月（一五二七）号一〇二〜一〇六頁。

（5）海渡雄一「裁判官の市民的自由の保障こそ司法の独立の基礎だ」WEBRONZA（二〇一八年一〇月二七日付）。https://webronza.asahi.com/national/articles/2018102400003.html

（6）岡口分限裁判・海渡雄一意見書（二〇一八年九月一一日付）。

（7）刑集二八巻九号三九三頁。http://www.courts.go.jp/app/files/hanrei_jp/800/051800_hanrei.pdf

（8）「弁護士六〇二人が声明「つぶやく自由を」最高裁に提出、岡口裁判官の分限裁判問題」弁護士ドットコムニュース（二〇一八年一〇月三日付）。https://www.bengo4.com/internet/n_8633/

（9）新井誠「ツイッター投稿における言動を理由とする裁判官の分限裁判」WLJ判例コラム155号。https://www.westlawjapan.com/column-law/2018/181221/

（10）表現を規制する法律の適用範囲が過度に広汎であるため、憲法上保障されている表現まで規制・禁止するものとなっている場合、原則としてその法律が違憲・無効になるという法理。

（11）法文の文言が不明確な法律は、表現行為に萎縮効果をもたらすため原則として違憲・無効となるという法理。

（12）当該表現内容が真実であると信じる相当な理由があった場合は、実際にはそれが虚偽であったとしても名誉毀損に当たらないとする理論。

（13）岡口分限裁判・津田大介意見書（二〇一八年九月二四日付）。

（14）木下前掲論考。

（15）澤藤統一郎「岡口基一判事に対する懲戒申立はスラップだ。」（二〇一八年九月一八日付）。http://www.nikkanberita.com/print.cgi?id=201809182102092

(16) 海渡前掲論考。
(17) 堀口悟郎「裁判官のツイートの自由」法学セミナー二〇一九年一月(七六八)号一二四頁。
(18) 新井前掲論考。

7　非公開で行われた裁判

「傍聴を許すことができる」が……

本章の最後に、裁判官の分限裁判の公開をめぐっても触れておきたい。

裁判官の分限裁判は非訟事件の手続による（裁判官の分限事件手続規則七条）ところ、非訟事件手続法三〇条は「非訟事件の手続は、公開しない。ただし、裁判所は、相当と認める者の傍聴を許すことができる」と規定している。つまり同条本文によると、分限裁判の審理を公開しなくても違法ではない。

しかし、寺西分限決定の尾崎反対意見は、被処分者が希望するのであれば、裁判官の分限裁判は、公開の法廷で行われるべきであり、そうでない限り、分限裁判の手続は違法たるを免れないとしている。その理由として挙げられた点をまとめると、次のように言えるだろう。

（一）憲法が一般国民に保障する公正な手続に従った裁判（公開された裁判）によって最終判断を受ける権利（憲法三二条）を裁判官から奪う合理的理由は見いだせない。

（二）一般の公務員の懲戒については、懲戒処分がされた後に、行政不服審査を経たうえで公開の裁判による救済の道が残されているから、そのこととのバランスを考えるべきである。

（三）裁判官の分限裁判は公正性・中立性に危惧が抱かれやすい手続であることからすると、公開の裁判など近代司法の諸原則の下に審理することで、社会一般も当事者本人も納得させることができ、裁判所への信頼を高めることもできる。

そこで、被申立人である私は、戒告処分となれば事実上のツイッター使用停止命令がされたに等しく、表現の自由にかかわることなどを理由に、岡口分限裁判を公開する必要があると主張した。また、前述のとおりメディアからも傍聴希望が寄せられていた。

にもかかわらず、最高裁からは、理由を伝えられることもなく、裁判の公開をしない旨を告げられた。なお、弁護団のうちの一人の弁護士が、二〇一八年九月六日に起きた北海道地震の影響で審問期日に出頭できない懸念が生じたため、弁護団は、審問期日の延期の申請もしたが、最高裁は、これも却下した。

繰り返しになるが、最高裁は、審問期日において、被申立人側が申立ての理由について釈明を求めたにもかかわらず、これにまともに答えることもなく、また、審問手続であるにもかかわらず私に対する質問を一切しなかった。

なぜ非公開としたのか?

岡口分限裁判の手続が最高裁の大法廷で行われ、傍聴席が私の支援者で埋まり、全マスコミが傍聴席の記者席に陣取っていたら、最高裁としても、一つひとつの手続を丁寧にせざるを得なかったであろう。また、そのような期日が開かれていれば、岡口分限裁判に対する国民的な関心がさらに高まっていたかもしれない。

最高裁は、国民的な関心がこれ以上高まる前に、簡略な形で審問を済ませようとして、被申立人やマスコミからの公開の要請を頑なに拒否したのであろう。当事者への手続保障が不十分であるどころか、意図的に争点を明らかにせずに事件を進行しているという引け目もあって、それを国民の前に晒すことは避けたかったのかもしれない。

しかし、一回勝負の裁判において、被申立人が公開を希望しているにもかかわらず、これを拒否して、いわば「秘密裁判」で審理を終わらせてしまったことは、それ自体から、公平な審理がなされなかったとの疑念を抱かざるを得ない。

落合洋司弁護士は、その運営するブログにおいて、「……〔本件では〕当事者のプライバシーが問題となるような事情も見当たりません。むしろ、このような理由による裁判官への処分が認められるのか、妥当なのかについて、多くの人の関心が集まっている状況で、非公開に固執する理由が見当たらないと言うべきでしょう。最高裁の非公開措置には強い疑問を感じます」「このように、裏で隠れてこそこそと審理しているような手法では、どのような処分結果になっても正当性に疑問符がつきかねないように感じられます」と述べている。(1)

また、憲法学が専門の上田健介・近畿大学教授も、「被申立人の適正手続保障の観点だけでなく、決定の正当性確保の観点からも、公開・対審の原則に則った手続の導入が望まれる」と指摘している。(2)

(1) 落合洋司「岡口裁判官の分限裁判「実質一審制」なのに非公開　最高裁、メディアの傍聴希望退ける」弁護士落合洋司(東京弁護士会)の日々是好日　https://blog.yoji-ochiai.jp/entry/2018/09/12/000000

(2) 上田健介「裁判官によるツイートに対する分限裁判」法学教室二〇一九年二月(四六一)号一五六頁。

第III部

変貌する最高裁、揺らぐ裁判所

1　続出していた不可思議な判決

岡口分限決定は、第Ⅱ部で検討してきたとおり、様々な、そして深刻な問題点を抱えた最高裁決定であった。しかし、最高裁は岡口分限裁判において例外的に問題のある手続を進め、誤った判断に行きついたのではない。実は、以前から不可思議な最高裁判決・決定が続いており、その延長線上に岡口分限決定がある。

最高裁大法廷の判断が学者から理論面の脆弱性を指摘されることが多くなっていることは、元裁判官である瀬木比呂志・明治大学教授が二〇一四年に発表した『絶望の裁判所』において既に指摘されていた(1)。

以下では、最近の事例をいくつか紹介し、最高裁の判断を具体的に検証したい。

①ＮＨＫ受信料大法廷判決

この最高裁大法廷判決（二〇一七（平成二九）年一二月六日）[2]は、テレビの購入によりＮＨＫとの受信契約の締結が強制されることが憲法に違反しないかが問題となったものである。

自宅にテレビのある男性が、視聴者の意思に委ねられるものと受信契約を拒否し、ＮＨＫが受信契約を求めて提訴していた。最高裁は、ＮＨＫの受信料は受信設備のある国民からあまねく徴収すべきであるとの結論を導いている。

ＮＨＫの受信料は支払われるべきであるというのは、下級裁判所においても繰り返されてきた説示である。たとえば、東京高裁二〇一〇（平成二二）年六月二九日判決[3]は、「現代社会において、テレビ番組の視聴は、日常生活に必要な情報を収集するため又は相当な範囲内の娯楽として、夫婦の共同生活を営む上で通常必要なものといえ」ると説示している。

しかし、このＩＴ時代において、テレビ番組を見ることが通常必要なものであるという上記判示は、かなり時代遅れな発想である。近江幸治・早稲田大学教授は、ＮＨＫは不要という人まで受信機を設置しただけで受信料を強制徴収されるのはおそらく憲法の精神に抵触する、としている[4]。

二〇一七年の最高裁大法廷判決の骨子は次のとおりである。

（一）　ＮＨＫの財政的基盤を受信料の徴収で確保する仕組みは、憲法上許容される立法裁量の範囲内にあることが明らかである。国民の知る権利を実質的に充足すべく採用された仕組みであり、その目的にかなう合理的なものだからである。
(二) このような仕組みの枠を離れてテレビを視聴する自由が憲法上保障されていると解することはできない。
(三) 上記の受信料の徴収を契約の強制によって行うことも、上記の目的を達成するのに必要かつ合理的な範囲内のものとして、憲法上許容されるというべきである。
(四) 以上によると、NHK受信料の強制徴収は、憲法一三条(幸福追求権)、二一条(表現の自由)、二九条(財産権)に違反するものではない。

上記(一)、(三)は、NHK受信料の強制徴収が「憲法上許容されている」と説示するだけであって、憲法の具体的な条文を挙げていないのがミソである。(二)も同様である。それなのに、(四)の結論部分では、突然、憲法一三条(幸福追求権)、二一条(表現の自由)、二九条(財産権)と具体的な条文が現れる。

NHK受信料の強制徴収によって最も問題になるのは憲法二九条(財産権)に基づく「契約の自由」の侵害の有無である。契約をするかしないかの自由の問題もあるし、NHKが契約内容を一方的に定めることの可否という問題もある。そのため、一、二審判決では、憲法二九条に違反しないことを具体的に説示していたものである。

ところが、上記最高裁大法廷判決は、憲法二一九条違反の判断をする際の判断枠組みを掲げることもせず、ＮＨＫ受信料の強制徴収が同条に違反しない理由を具体的に述べることもせず、漠然と「憲法上許容されている」と説示して、同条に違反しないとの結論だけを述べている。同条違反の有無について具体的に判断することを巧みに回避しているのである。[5] しかも、（一）では、裁判官が自信のないときに用いる「明らか」という強調語がやはり用いられている。

武田芳樹・山梨学院大学准教授は、『法学セミナー』において、「少なくとも、立法裁量論に依拠して、権利制約の正当化を詳細に論じようとしなかった本判決に納得できる国民は少ないのではないだろうか」と指摘している。[6]

②金沢市役所前広場事件決定

この最高裁決定（最高裁二〇一七（平成二九）年八月三日第一小法廷決定）では、表現の自由の有無が直接的な争点とされている。まさに最高裁が本領を発揮すべき事件であったのにもかかわらず、憲法判断をしないどころか、いわゆる三行半決定により、実質的な理由を何一つ明らかにせずに終わらせてしまった。

事案は、市民団体が、金沢市役所前広場で自衛隊のパレードに反対する集会を開こうとして、金沢市長に対し、その許可を求めたところ、これが不許可とされたものである。

集会を開く自由は、民主主義を支えるものとして、表現の自由(憲法二一条)の中でもとりわけ重要なものと考えられている。しかも、金沢市役所前広場は、これまでも多くの集会が開かれてきた場所であるから、市長といえども、そこでの集会を簡単に不許可とすることはできない。ストレートに「集会の自由」の侵害につながるものである。そこで、この事件の一、二審は、「集会の自由」の侵害に当たらないかを議論し、それを踏まえてこの不許可処分を合憲・適法とした。(7)

そして、これに対する上告事件であるから、結論はどうであれ、上記の金沢市長による集会の制限についての最高裁の憲法判断が待たれていた。集会の自由には、「パブリックフォーラム論」という憲法上の重要な論点もあるからである。これは、公法学者出身の伊藤正己《まさみ》最高裁判事が、一九八四年の最高裁判決(吉祥寺駅構内ビラ配布事件(8))の補足意見において、道路、公園、広場などをパブリックフォーラムと呼んで、そこでは集会の自由の保障に可能な限り配慮する必要があるとしていたものである。

ところが、その最高裁が、まさかの上告棄却の三行半決定であり、理由としては以下のとおり述べたにすぎない。

「民事事件について最高裁判所に上告をすることが許されるのは民訴法312条1項又は2項所定の場合に限られるところ、本件上告の理由は、明らかに上記各項に規定する事由に該当しない」

ここで挙げられている「民訴法312条1項」とは、二審判決に憲法の解釈の誤りがあれば最高裁に上告することができるとの規定である。つまり、上記の最高裁決定は、二審判決による憲法（集会の自由）の解釈には誤りがないことが明らかであるから民訴法三一二条一項による上告は許されないとだけ述べて事件を終わりにしてしまったものである。

しかし、この事件は、一、二審の憲法判断に明らかに誤りがないとはいい切れない。この判断を批判している公法学者も少なくない。(9)

また、これまでの最高裁判決（たとえば泉佐野市民会館事件の最高裁一九九五（平成七）年三月七日第三小法廷判決。(10) 裁判長は弁護士出身の大野正男判事）では、集会を不許可とすることができるのは、許可をしてしまうと明らかに差し迫った危険が発生することが具体的に予見される場合に限られるとしていたから、過去にこのような判例理論が示されている以上、後の最高裁はこれにしたがう必要がある。

金沢市役所前広場は、一審判決の認定によると、平均で一カ月に一・四回の集会が開かれてきた場所であり、パブリックフォーラムに当たる可能性もある。その場所における集会を不許可としたのであるから、これが憲法二一条に違反しないというのであれば、最高裁として、その理由を示すべきであった。

③君が代再雇用拒否事件判決

この最高裁判決(二〇一八(平成三〇)年七月一九日第一小法廷判決[11])は、きわめて不十分な理由しかなく、結論に至る過程の検証ができない判決である。理由付けが不十分であることを含め、この最高裁判決は、複数の大手メディアからも強く批判された。

事案は、都立高校の卒業式で君が代斉唱の際に起立斉唱をしなかったため、戒告などの処分を受けた二二名の教職員らが、定年後に再雇用されなかったというものである。

この教職員らが東京都に対し損害賠償を求める訴訟を提起したところ、一、二審はともに教職員らの請求を認め、再雇用されていれば支給されたはずの一年間の賃金に相当する金額、合計で約五三七〇万円の損害賠償を命じた。その理由は、東京都による再雇用の拒否は、国歌斉唱時に起立斉唱しなかったという事情を極端に過大視しており、都教育委員会の裁量権を逸脱・濫用したものとして違法性を有するというものであった。

ところが、最高裁は、この二審判決を破棄し、教職員らの請求を全面的に棄却した。その理由は、要するに、誰を再雇用するかは都の裁量であるし、その際に、君が代の不起立だけを重視したとしても、それは裁量の範囲を逸脱しないというだけのものであった。

まず、驚かされるのは、この最高裁判決は、一、二審の判決を覆すものであるにもかかわらず、一、二審が掲げた理由を排斥するという作業をせずに、最高裁で考えた理由を一方的に押しつけていることである。

実は、都立高校の教職員は九割以上が再雇用されているという実態があり、しかも、別の理由で減給・停職処分という戒告よりも重い処分を受けた教職員でも再雇用されている例がある。そこで、一、二審は、再雇用の採用選考において多種多様な要素、長年培った知識や技能、経験、学校教育に対する意欲などをまったく考慮せず、君が代処分歴だけで不採用としているのは、再雇用制度、非常勤教員制度の趣旨にも反し、客観的合理性と社会的相当性を欠くものであり、裁量権の範囲の逸脱または濫用に当たると判断していたものである。

このように、一、二審は、再雇用に関する労使慣行やその他の事情をも総合的に考慮したうえで、単に君が代不起立で戒告処分を受けたことのみを理由に再雇用を拒否するのは不当と判断したものであるが、最高裁は、この点について何の具体的な反論も説明もしないまま、君が代不起立があれば「他の個別事情のいかんにかかわらず」再雇用を拒否することができると結論づけている。これでは一、二審の判断のどこが問題であったのかがまったくわからない。

また、この事件の背景にあるのは思想・良心の自由（憲法一九条）という憲法問題である。国歌斉唱時の起立斉唱を強制することで思想・良心の自由を侵害するおそれがあるからである。

最高裁は、二〇〇七年の、君が代のピアノ伴奏拒否を理由に戒告処分を受けた区立小学校の音楽教諭による処分取消請求訴訟においては、校長がその教諭に対しピアノを伴奏するよう命じたことは思想・良心の自由の侵害に当たらないとの判断を示したが、当時の藤田宙靖《ときやす》最高裁判事（公法学者出身）は、具体的な検討が十分でないままにされた上記判断にはにわかに賛成することはできないとする反対意見を付した[12]。

また、最高裁は、二〇一一年から二〇一二年にかけて、国歌斉唱の際に起立斉唱しなかったことを理由に戒告処分等を受けた都立高校の教職員らによる国家賠償請求にかかる判決を六件言い渡したが、その際にも、起立の強制が「思想・良心の自由についての間接的な制約となる面があることは否定し難い」との判断は一応示しており、当時の宮川光治最高裁判事（弁護士出身）が、君が代不起立を理由に戒告処分等をすることが思想・良心の自由の侵害に当たらないかを違憲審査基準によって判断すべきであるとする反対意見を付した[13]ほか、田原睦夫《むつお》最高裁判事（弁護士出身）も、審理が不十分であるから原審に差し戻すべきであるとする反対意見を述べている[14]。

つまり、過去の君が代強制事件では、それが思想・良心の自由の侵害という憲法問題であることは認め、その点について不十分ながら判断はしていたものであるが、二〇一八年の君が代再雇用拒否事件判決では、思想・良心の自由の侵害の問題について触れることすらしなかったものである。

④マンション共用部分不当利得返還請求事件判決

この最高裁判決（二〇一五（平成二七年）九月一八日第二小法廷判決[15]）も、結論ありきで、雑な理由付けしかしていないといわざるを得ない。

マンションのエントランスや廊下は、マンションの区分所有者全員の共用部分とされている。ところが、Bさんは、その共用部分を無断で利用して利得を得ていた。そこで、マンションの区分所有者の一人であるAさんが、Bさんに対し、その利得の返還を求めたものである。

単純化して言えば、そのマンションが二〇部屋あれば、マンションの区分所有法に基づきそのうちの一部屋の所有者であるAさんは、Bさんが得た利得のうちの二〇分の一を自己に支払うよう請求することができる。

しかし、二〇人がそれぞれ個別に訴訟を提起するのではなく、マンションの管理者または管理組合が一括して訴訟を提起したほうがよいと最高裁は考えた。

そこで、上記最高裁判決は、マンションの規約の中に「管理者が共用部分の管理を行い、共用部分を特定の区分所有者に無償で使用させることができる旨の定め」があるので、共用部分の利用にかかる訴訟は、この定めに基づいて、管理者が一括して提起しなければならず、マンションの各部屋の所有者が個別に訴訟を提起することはできないと判示して、Aさんの請求を認めなかったものである。

実は、一、二審では、Bさんが独占的に収入を得ていたことが不当利得に当たるか否かが主な争点となっており、個別的訴訟提起の可否は主たる争点になっていなかった。そこで、Aさんは、B

さんの利得を中心に立証をしていたところ、二審の判決は、個別の訴訟提起はできないとの理由で、Aさんの請求を棄却したものである。

これは、まさにAさんにとっては不意打ちであり、岡口分限裁判と同じ構造になっている。しかし、最高裁は、そういう二審判決を咎めることもなく、その結論を維持した。

また、規約中に「管理者は共用部分の管理を行い共用部分を使用させることができる」との規定があれば、マンションの各部屋の所有者による個別の訴訟提起が認められないという理由付けも、根拠に乏しいといわざるを得ない（このことは、松岡久和・立命館大学教授による判決の検討によれば同判例の評釈をしているほぼすべての論者が指摘しているという[16]）。

「管理者が共有部分を管理し使用させることができること」から、「管理者だけが共用部分にかかる不当利得返還訴訟を提起することができること」が、どうして導かれるのだろうか。

しかも、この判決は、当該マンションの規約には上記のような規定が「ある」と認定しながら、具体的に当該マンションの規約のどの規定がそれに当たるのかを明らかにせず、当該マンションの規約のごく一部の規定について、その要旨を引用しただけであった。しかし、引用された規定の要旨をみても、上記のような規定は見当たらず、逆に、各部屋の所有者による個別の訴訟提起を認めるとも解される趣旨の規定が含まれていたものである。

先述の松岡教授は、この最高裁判決から一般的に適用可能な判例準則を引き出すことはそもそもためらわれるとまで述べている。[17]

⑤ハマキョウレックス事件判決

この最高裁判決（最高裁二〇一八（平成三〇）年六月一日第二小法廷判決）[18]は、「主張立証責任」という民事訴訟の基本概念について最高裁判事が正確に理解しているのかが疑問視されたものである。

事案は、契約社員と正社員とで労働条件に相違があったことが「不合理な差別」（労働契約法二〇条）に当たるかが争われたものである。

最高裁は、この判決において、不合理な差別との法律要件を二つに分解した。労働条件の相違について、「不合理であるとの評価を基礎付ける事実」と「不合理であるとの評価を妨げる事実」とを分けたのである。そして、前者については不合理な差別があると主張する者が「主張立証責任」を負い、後者については不合理な差別があることを争う者が「主張立証責任」を負うとの判示をした。

しかし、一つの法律要件を二つに分解し、双方当事者に「主張立証責任」を負わせるという解釈は、民事訴訟の基礎理論からすると、あまりにも奇想天外なものである。

泉徳治・元浦和地方裁判所所長（後に最高裁判事）は、私が浦和地裁（現在のさいたま地裁）で司法修習生向けの勉強会をしていたときに、それを見に来られたことがあるが、その際に、こうした解釈は実務では採り得ないと強調されていた。

法学者であり、現在は弁護士として第二東京弁護士会に所属する新堂幸司・東京大学名誉教授(民事訴訟法)も、この解釈について「理屈として、根拠事実と障害事実とを請求原因と抗弁というふうに割切られますと、「ちょっとついていけませんね」という話です」と述べている。(19)

実は、最高裁の研究機関である司法研修所の見解が「極めて尖鋭《せんえい》」「行過ぎ」と懸念された時期が昭和四〇年代にあり、(20)最近では、司法研修所自身も当時の司法研修所の見解(たとえば貸借型理論)を否定するようになっているものであるが、上記の二分論も当時の司法研修所が考案した見解である。

裁判官の間でも、このような二分論は理論的に問題があるため実務では用いないほうがよいという「暗黙知」が共有されていたため、この見解が判決に用いられる例はほとんどなく、少なくとも最高裁判決でこの見解が用いられたことはこれまで一度もなかった。

ところが、現場の裁判官には共有されているこの「暗黙知」が、現在の最高裁判事には共有されていないということである。職業裁判官出身の最高裁判事は、司法行政の経験が長く、裁判実務の経験は少ない。その影響がこういう形で現れるのである。

(1) 瀬木比呂志『絶望の裁判所』(二〇一四年、講談社現代新書)八一頁。

（2）　民集七一巻一〇号一八一七頁。
http://www. courts. go. jp/app/files/hanrei_jp/281/087281_hanrei. pdf
（3）　判例時報二〇一一年四月二一日（二一〇四）号四〇〜四七頁。
（4）　近江幸治「〈NHK受信料訴訟を考える⑵〉NHK受信契約の締結強制と「公共放送」概念」判例時報二〇一八年一〇月一日（二三七七）号一二七頁。
（5）　同趣旨の評釈として横大道聡「〈NHK受信料訴訟を考える⑶〉NHK受信料大法廷判決から考える憲法上の論点」判例時報二〇一八年一二月一日（二三八三）号一二三〜一二九頁がある。
（6）　武田芳樹「放送法64条1項による受信契約強制の合憲性」法学セミナー二〇一八年三月（七五八）号九四頁。
（7）　二審判決の評釈として辻雄一郎「市庁舎前広場の使用許可申請に対する不許可処分が適法とされた事例」判例時報二〇一八年四月一日（二三五九）号一四八〜一五二頁がある。
（8）　最高裁一九八四（昭和五九）年一二月一八日第三小法廷判決。刑集三八巻一二号三〇二六頁。
http://www. courts. go. jp/app/files/hanrei_jp/861/051861_hanrei. pdf
（9）　たとえば市川正人「公共施設における集会の自由に関する一考察――金沢市役所前広場訴訟を素材に」（立命館法学二〇一七年三（三七三）号七九九〜八三一頁）を参照。
（10）　民集四九巻三号六八七頁。　http://www. courts. go. jp/app/files/hanrei_jp/449/052449_hanrei. pdf
（11）　集民二五九号四三頁。　http://www. courts. go. jp/app/files/hanrei_jp/885/087885_hanrei. pdf
（12）　最高裁二〇〇七（平成一九）年二月二七日第三小法廷判決。民集六一巻一号二九一頁。
http://www. courts. go. jp/app/files/hanrei_jp/185/034185_hanrei. pdf

(13) 最高裁二〇一一(平成二三)年六月六日第一小法廷判決。民集六五巻四号一八五五頁。
(14) 最高裁二〇一一(平成二三)年六月一四日第三小法廷判決。民集六五巻四号二一四八頁。
(15) 民集六九巻六号一七一一頁。 http://www.courts.go.jp/app/files/hanrei_jp/327/085327_hanrei.pdf
(16) 松岡久和「共用部分に関する不当利得返還請求権の行使——最二小判平27・9・18の検討」金融法務事情二〇一八年八月一〇日(二〇九五)号八九~九〇頁。
(17) 同誌二〇一八年八月一〇日(二〇九五)号九二頁。
(18) 民集七二巻二号八八頁。 http://www.courts.go.jp/app/files/hanrei_jp/785/087785_hanrei.pdf
(19) 『実務民事訴訟講座(第三期)第五巻 証明責任・要件事実論』(二〇一二年、日本評論社)九頁。
(20) 田尾桃二「〈村松先生の足跡〉村松先生と法曹教育」判例タイムズ一九八七年五月一五日(六三〇)号八八頁。

2　静かに進行する最高裁判事の「王様」化

民事裁判官が「王様」になるには

裁判官は、好き勝手な判決をする「王様」になることはできない。たとえば、民事訴訟を担当する裁判官が、原告にシンパシーを感じたため、原告を勝たせる判決を下そうとしても、その「理由」が書けなければ、原告勝訴とすることはできない。

私は、約二五年にわたり主に民事畑で裁判官を務め、数多くの訴訟に関与してきたが、双方当事者は、我こそが勝者になろうと様々な主張をしてくる。そこで、たとえば原告を勝たせるためには、裁判官は、被告の主張をすべて排斥しなければならない。それができなければ、仮に原告を勝たせたくても勝たせることができないのである。

そこで、各当事者は、主張をしすぎるくらい主張をする。いくつもの主張を並べたうえに、予備的な主張、さらにその予備的な主張まですることもある。それらのすべてが排斥されなければ自分は負けないという状況をつくるのである。

反対に、当事者が裁判に欠席するなどして何の主張もしないと、その当事者は何も争っていないものとみなされて、直ちに敗訴してしまう。

逆に言えば、民事訴訟の裁判官が「王様」になるためには、次の三つの方法があり得るということである。A：当事者がした主張に答えない、B：そもそも当事者に主張をさせない、C：当事者がした主張にデタラメな理由をもって答える。

しかし、下級審の民事裁判官は、A～Cのいずれの方法も採ることができない。私が、東京高裁において、Aの方法を採って、当事者の主張に答えないまま判決をすると、理由不備（当事者が主張したことについて理由を記載していない）として、不服のある当事者から最高裁に上告されてしまうだけである。ただし、あまりにも多くの意味のない主張がされた場合、それらをまとめて排斥する例がないわけではない。その場合、判決には「控訴人は、るる主張するが、いずれも採用するに足りない」などと記載される。

また、Bの方法を採って、まだ主張立証が尽くされたとはいえない段階で強引に弁論を終結すると、審理不尽（事件が熟したとはいえないのに弁論を終結した）として、不服のある当事者から最高裁に上告受理の申立てがされるであろう。

さらに、Cの方法を採って、デタラメな事実認定により当事者の主張を排斥すると、経験則違反[1]として、不服のある当事者から最高裁に上告受理の申立てがされることになる。

下級審裁判官のリアリティ

下級審の民事裁判官は、新任判事補の頃から、上記のA~Cの方法を採らないようにと、裁判長から徹底的に指導される。地裁の裁判長は、合議体判決でこれらのルール違反があると、当事者から控訴されて、控訴審から「原判決取消し」という形でお叱りを受けるリスクがあるからである。それは合議体判決における裁判長自体の問題とされるし、ルール違反を絶対にしないという裁判長自身のプライドにも反する。

したがって、実務畑の長い裁判官は、民事訴訟事件の口頭弁論を終結する際には、さらなる主張・立証がないことを当事者に確認する。判決書では、当事者がどんなに多くの主張をしていても一つひとつ丁寧に判断する。また、デタラメな事実認定をして、狭い法曹界の中で「ダメ裁判官」の評判が立つようなこともしない。

木下昌彦准教授も、先述のA(当事者がした主張に答えない)について、「国民の裁判に対する信頼は、裁判の結論それ自体ではなく、その理由によってこそ支えられているのであり、理由の誠実な明記は民主主義国家において説明責任を果たすべき裁判所の義務である」と指摘している[2]。

また、民事裁判官は、当事者が主張していない理由で訴訟の勝敗を左右するような判断をする場合、それを予め当事者に指摘して、その点についての主張・立証をさせるべきであるとされており、民事訴訟法学者はこれを「裁判官の争点指摘義務」などと呼んでいる。

前章で述べたマンション共有部分不当利得返還請求事件判決のように、主要な争点が何であるのかを明らかにしないまま口頭弁論を終結してしまい、判決ではそれを決め手として判断するというのは、当事者の手続保障の見地から妥当ではないからである。

そこで、下級審では、上記A〜Cの方法を採らないのみならず、その事件の主要な争点について当事者が主張・立証していなければ、それを促すことまでしているのである。

〝ラフな事実認定〟への誘惑？

もっとも、最高裁では、上記A〜Cの方法を採ることが可能である。なぜなら、最高裁は最終審であるから、上記のルール違反があっても、その判断が確定してしまうからである。

ただし、下級審裁判官は、自分たちが厳守しているルールを最高裁ももちろん遵守していると信じている。最後の最後の上告審でモラルが崩壊しルール違反が当然に行われていれば、それまでの一、二審の努力は徒労に帰す。それを下級審裁判官が知れば、その後の仕事の士気にも影響するし、自分たちもルール違反をしようという誘惑に駆られるかもしれない。

ところが、第Ⅱ部で明らかにしたとおり、岡口分限決定において、最高裁は上記のルールを何一つ守っていなかった。最高裁判事の「王様」化が進行しているようである。

最高裁判事は、「王様」になってしまえば、まさに無敵になる。選挙で落選することもなく、「王様」の横暴は誰も止められないからである。

岡口分限決定後にも、振り込め詐欺の「受け子」（振り込め詐欺事件などにおいて直接金品を受け取る役割を果たす人物）について、荷物の中身を知らなかったから詐欺の故意がないとして無罪としていた控訴審判決が、最高裁において破棄され、詐欺の故意を認める有罪判決がされた（最高裁二〇一八（平成三〇）年一二月一四日第二小法廷判決[3]）。

しかし、事実審でもない最高裁が、新たな事実審理も経ずに事実認定を変更して有罪判決を言い渡しているものであるうえ、受け子の故意を認めた理由もいかにも薄弱であった。被告人の供述についての評価を除くと、過去にも荷物を運んで高額の報酬を受領していたから、今回も詐欺の手伝いをしているとわかっていたはずであるという程度の理由である（しかし、怪しい荷物の受渡しがすべて「詐欺」事件とは限らない。違法薬物事件などかもしれない）。

刑事事件は、一人の人間を有罪にして刑罰を与えるのであるから、下級審では、きわめて慎重な事実認定の判断が行われており、ここまで必要かと思うほどの証拠が検察官から提出されるのが通常である。そうした下級審裁判官の緊張感が薄れて、先述のように、自分たちもラフな事実認定で済ませようと考えてしまうのではないか。さらに、この判決によって、今後は、振り込め詐欺の末端の受け子は、捜査機関に何かを話してしまうとそこから故意が簡単に推認されてしまうことを畏れて、およそ何も話さなくなるであろう。かえって当該事件の全貌の解明を困難にしただけではなかろうか。この判決も、現在の最高裁判事の「王様」化の進行を裏付けるものと思えてならないのである。

（1）経験則とは、経験から帰納された事物に関する知識や法則をいう。たとえば、男女がラブホテルに入ったという事実があれば、「経験則」により、その男女は肉体関係をもったと事実認定される。
（2）岡口分限裁判・木下昌彦意見書（二〇一八年九月二五日付）。
（3）http://www.courts.go.jp/app/files/hanrei_jp/187/088187_hanrei.pdf

3 「王様」化をもたらす内部的要因

1章でみてきた不可思議な最高裁判決・決定は、「王様」による「ルール違反」の判決・決定ということもできるが、こうした事例が続いていることからすると、その原因は、個別の事件の特性などではなく、構造的なものである可能性が否定できない。

そこで、その原因として考えられるもののうち、ここでは、大きく二つの問題に触れてみたい。

一 最高裁における憲法判断の手法

数少ない好例

岡口分限決定では表現の自由についての具体的な判断が省略されたが、実は、伝統的な最高裁の判断手法からすると、これは必ずしも驚くべきことではなかった。

最高裁は、処分や法律上の制度など（以下、「処分等」という）により人権が侵害されたとの主張があっても、そうした人権侵害の有無について具体的に審査することはせずに、下された処分等の必要性・合理性を審査し、これが認められればその処分等は合憲であると判断する傾向があるからである。そして、処分等自体は通常は必要性・合理性があるとされるので、違憲と判断されることはまずない。

しかし、上記の判断手法が相当でないことはいうまでもない。あるべき憲法判断の手法は、どの憲法の教科書にもくわしく書いてある。裁判所は、処分等により権利が侵害されたとの主張があれば、その権利が憲法上のどの人権に該当するのかを確認したうえで、当該人権侵害の有無を判断するための客観的な基準（違憲審査基準）にあてはめて、そのような人権侵害がなされたかどうかを判断すべきというものである。客観的な基準を用いることで、恣意的な判断を防ぐこともできるし、また、国民としても人権侵害の有無の判断を予測できるようになるからである。

ところが、日本の最高裁の憲法訴訟ではこれがなされていない。元最高裁判事の泉徳治氏は個人の権利を最初に捉えて、これが憲法においてどのように保護されているのかを考えるという手法が、日本の最高裁では十分に育っていないと述べている(1)。

あるべき判断手法を用いて違憲との判断をした最高裁判決がないわけではないが、その数は大変に少ない。たとえば、国籍法違憲判決（最高裁二〇〇八（平成二〇）年六月四日大法廷判決）(2)や、在外邦人選挙権違憲判決（最高裁二〇〇五（平成一七年）年九月一四日大法廷判決）(3)である。後者の担当最高裁調査官であった杉原則彦判事は、後に君が代不起立訴訟の二審の裁判長となり、二〇一八年四月、六人の教員らの停職と減給処分を取り消した東京地裁判決を支持し、都の控訴を棄却している。

泉元判事は、日本の最高裁判事には、憲法で保障された国民の権利自由を国家権力による不当な侵害から守るのが司法の本質・役割であるという認識が薄いとも指摘している。(4)これはかなり根源的な部分であるが、そうした実態が上記の判断手法につながっているのではないか。

受験生もショックを受ける実態

法学部の試験であれば、最高裁の憲法判断の手法では合格点はもらえない。法学部生や司法試験受験生は、最高裁が実際に行っている憲法判断の手法を知ると大変なショックを受ける。憲法学者の渡辺康行・一橋大学教授によれば、憲法学者も、長い間、この点を議論し、努力してきたが、最高裁にはまったく受け入れられなかったというのがこれまでの歴史であると述べ、そういう考え方をする「代表」として、千葉勝美元最高裁判事に言及している。(5)同元判事は、岡口分限裁判の関係でいえば、北海道新聞の取材に対し、「〔本件ツイートを〕普通に読めば〔元の飼主による〕「訴えの提起を否定的に捉えている」と受け取るでしょう」と答えている（二〇一八年一一月五日付）。

実は、憲法判断に関しては、最高裁判事は、ずっと前から「王様」の地位にいたものであり、しかも、それは、司法の本質・役割論についての認識が薄いという、かなり絶望的な理由によるものといえる。

1章で挙げたNHK受信料大法廷判決で、受信契約の強制制度が目的にかなう合理的なものであるという判断をしただけで、直ちにそれは人権侵害に当たらず合憲であるとの結論に至っているのも、実は、これまでの最高裁の憲法判断の手法にしたがっているものにすぎない。この大法廷判決を憲法学者がこぞって批判しようとしないのは、もはや諦めの心境なのかもしれない。

岡口分限決定も同様であり、戒告処分自体が相当であれば、それだけで、表現の自由の侵害には当たらないという結論が導かれている。

しかし、前述のように以前の最高裁は、不十分ながら、人権侵害の有無についての説示自体は行っていた。違憲審査基準を用いて立論した少数意見が付されることも少なくなかった。ところが、最近では、そうした少数意見もみられなくなり、また、人権侵害の有無についての説示そのものをしない例が増えている。一、二審から最高裁への君が代再雇用拒否事件判決の変遷がまさにその典型である。岡口分限決定も、もう一つの憲法上の論点である裁判官の独立については完全に無視した。最高裁判事の「王様」化がいっそう進んでいるということができよう。

二　多忙ゆえの省略?

年間九〇〇〇件を裁く

最高裁判事が激務であることも、「王様」による「ルール違反」の原因として考えられよう。要するに、忙しすぎるため、当事者の主張に丁寧かつ正確に応える時間がないということである。

最高裁は大変に事件が多く、一人の最高裁判事が審議に関わる事件の数は年間で約二〇〇〇件にも及ぶ(6)。そこで、最高裁の事件処理の合理化・効率化が進められてきた。

一九九六年の民事訴訟法改正の際には、最高裁が取り扱う民事事件を、憲法をはじめとする法令の重要な解釈に関わる事項に限定することにして、最高裁が審理する事件を絞った。持ち回り審議制も導入され、約九五%の事件は、小法廷の五人の最高裁判事が集まって審議をするのではなく、事件を各判事に回覧し、各判事が「上告棄却」などの結論に問題がないと考えれば押印をすればよいということにした。二〇〇四年には、民事訴訟の上告棄却決定等は決定書の作成を不要とし、決定内容を裁判所書記官が作成する調書に記載すれば足りるようにした(民事訴訟規則五〇条の二)。

しかし、それでも最高裁判事の仕事量は抑えられず、膨大な数の事件を処理しなければならない現実を前に、本来であれば省略することができないはずの憲法判断などまで回避されるようになり、次第にそれが珍しいことではなくなったのではないか。

たとえば、先述の金沢市役所前広場事件決定は、過去の判例理論や補足意見を踏まえた詳細な判示をすべきところを、いわゆる三行半決定で済ませてしまったものといえる。こうした「明らかに……該当しない」というような決定について、藤田宙靖元最高裁判事は、正直な心境を吐露している。すなわち、同判事は、憲法違反の主張に対しては、理論的には、正面から憲法判断をするのが正論であろうと考えるとしたうえで、「アメリカ連邦最高裁判所のように年間せいぜい一〇〇件を取り扱えばよいような状況ならばともかく、年間六〇〇〇件もの上告・上告受理申立て、抗告事件も入れればざっと九〇〇〇件の事件を裁く我が国の最高裁としては、結論が同じである限り、できるならば決定処理〔三行半決定〕で済ませたいということになるのも、これまたやむを得ないことであろうと思われる」と述べている。(7)

なお、最高裁は、民事訴訟の控訴審判決を破棄すべきであることが明らかである場合に、口頭弁論を開かずに控訴審判決を破棄することができるという扱いを二〇〇二年に始めたが、この手法についても、結論はともかく、口頭弁論を開いて控訴審判決を破棄することの理由を示すべき場合にも用いられているとの懸念が表明されている。(8) このように、最終審であるため結論が覆されることがない、また事件処理の省略を正当化する理由(合理化・効率化)があるという安心感から、憲法判断の回避等が常態化し、やはり近年それがいっそう加速しているように感じられる。

(1) 泉徳治著、渡辺康行・山元一・新村とわ聞き手『一歩前へ出る司法――泉徳治元最高裁判事に聞く』(二〇一七年、日本評論社)二〇七頁。

(2) 民集六二巻六号一三六七頁。http://www.courts.go.jp/app/files/hanrei_jp/415/036415_hanrei.pdf 二〇〇三~〇五年、未婚のフィリピン人女性と日本人男性のあいだに生まれ、出生後に認知を受けた子ども一〇人が、父母の婚姻を日本国籍取得の要件とする国籍法三条一項は憲法一四条一項に反するとして東京地裁に提訴。最高裁大法廷は〇八年六月、同規定は不合理な差別を生じさせているとして違憲と判断した。

(3) 民集五九巻七号二〇八七頁。http://www.courts.go.jp/app/files/hanrei_jp/338/052338_hanrei.pdf 一九九六年、海外に住む日本人が国政選挙の選挙区で投票できないのは選挙権を保障した憲法に違反するとして、海外在住有権者らが国を相手に公選法規定の違憲確認と慰謝料などを求め提訴した。最高裁大法廷は、二〇〇五年九月、原告敗訴の東京高裁判決を変更し、選挙権を制限する公選法規定は違憲であるとした。

(4) 泉ほか前掲書二五七頁。

(5) 同書二五八頁。

(6) 藤田宙靖『最高裁回想録――学者判事の七年半』(二〇一二年、有斐閣)六二頁。

(7) 同書一四四頁。

(8) 今津綾子「将来の不当利得返還の訴えが不適法とされた事例」民商法雑誌二〇一三年五月(一四八巻二号)二〇五頁、岡田幸宏「上告裁判所における原判決破棄と口頭弁論の要否――最近の最高裁判例を素材にして」同志社法学二〇一一年三月(六二巻六)号一一一~一三五頁。

4　最高裁判事はどのように選ばれているか

長年にわたる人事の慣行

最高裁判事の「王様」化は、それができるだけの条件が整っているということを意味する。

3章では、内部的要因として、最高裁の歴史的な憲法判断の傾向、また、その仕事量という事情を検討した。さらに、「王様」化に異議を唱える者が最高裁の内部に存在するならば、その進行を食い止める、あるいは阻止することができるはずである。

その観点から特に重要と思われるのが、公法学者出身・弁護士出身の最高裁判事である。両者は、最高裁の憲法判断の手法に対し、違憲審査基準を用いて立論した反対意見を述べるなどしてきたうえ、法学者出身の最高裁判事は、判決・決定の理論面を下支えするという役割があるとされてきた(1)からである(なお、「公法」とは、「私法」と対比され、国家の組織、国家間および国家と個人の関係を規律する法の総称である。具体的には、憲法・行政法・刑法・訴訟法(民事・刑事)・国際公法がこれに含まれる)。

それでは、現在の最高裁判事の出身母体はどのようになっているのだろうか。

最高裁長官の指名権および最高裁判事の任命権を有するのは内閣である(憲法六条二項、七九条一項)。最高裁判事を選ぶ際、通例では最高裁長官が首相に対し優先順位を付けて複数の候補者を推薦するが、これまでの内閣は最高裁長官の意見を尊重するのが慣例であった(2)。なお、最高裁判事の候補者は、事前に、最高裁側の選んだ候補者名に基づいて、最高裁人事局長と内閣官房副長官の間で調整がされ、さらに、最高裁事務総長と内閣官房長官との間で調整がされるが、その段階で実質的に決まるようである(3)。

そして一五名の最高裁判事は、職業裁判官から六名、法学者から一名、検察官から二名、弁護士から四名、行政官僚から二名(多くの場合、うち一名は外交官)が選ばれるというのが長年の慣行である。

「現場組」と「官僚組」

このうち、職業裁判官出身判事は、裁判実務を担当してきた「現場組」の裁判官ではなく、司法行政に長年携わってきた「司法官僚」の裁判官が選ばれる傾向がある。

また、弁護士出身判事は日弁連が、検察官出身判事は法務省が、それぞれ候補者を最高裁に推薦する。法学者出身判事は内閣または最高裁の「一本釣り」(4)で選ばれる。行政官出身の判事は内閣が直接人選する。[5]

なお、新しい最高裁長官を誰にするかは、辞める最高裁長官の意思が非常に大きく左右するとの証言がある。[6] たとえば、二〇一四年三月、竹﨑博允《ひろのぶ》最高裁長官は、定年日より三カ月あまり前に「健康上の理由」で依願退官した。これは、第二次安倍内閣に後任の最高裁長官人事で付け込まれないように機先を制したのではないかとの観測もされた。

一九九八年の寺西分限決定では、第Ⅱ部1章でも述べたとおり、一五名の最高裁判事のうち、寺西判事補を戒告処分とする多数意見に与《くみ》したのが、職業裁判官出身判事六名、行政官僚出身判事二名、検察官出身判事二名であり、戒告に反対する意見を述べたのが、法学者出身判事一名、弁護士出身判事四名であった。

このうち、職業裁判官出身判事は、「現場組」ではなく、いわゆる「司法官僚」であるから、多数意見を構成したのは「官僚組」というくくりをすることもできる。反対意見を述べたのは「非官僚組」ということである。

反対意見が出なかった理由

ところが、その二〇年後、岡口分限決定では、全員一致で戒告処分の結論となり、「非官僚組」も、誰一人として反対意見に回らなかった。「官僚組」はともかく、「非官僚組」、とりわけ法学者は理論的な不整合を容認することができないのが通常である。では、どうして、岡口分限決定では反対意見が出なかったのであろうか。

まず、法学者出身の最高裁判事をみてみよう。寺西分限決定において反対意見を述べたのは、公法学者である園部逸夫判事であった。

最高裁には多くの憲法問題が持ち込まれるが、それを的確に、かつ、格調高く判断するのが最高裁判決の真骨頂である。そのため、最高裁には、憲法などを専門とする公法学者出身の判事が必要であると指摘されている。自身は司法行政畑が長く「司法官僚」とも言うべき裁判官出身の泉徳治元最高裁判事も、最高裁の三つの小法廷(第一小法廷、第二小法廷、第三小法廷)にそれぞれ公法学者の最高裁判事を一人は入れるべきであると主張している(7)。

過去にも、河村又介判事、伊藤正己判事、田中二郎判事などの著名な憲法学者や公法学者が最高裁判事となって重要な判例を残しており、戦後間もない時期には、田中耕太郎氏から横田喜三郎氏へと法学者出身者が二代続けて最高裁長官になったこともある。

また、公法学者出身の藤田宙靖判事がいた頃の最高裁第三小法廷(二〇〇二年九月〜二〇一〇年四月)は、同判事と弁護士出身の田原睦夫判事(二〇〇六年一一月〜二〇一三年四月)を中心として、活発な議論に基づいた判決がいくつも出された。園部判事の退官(一九九九年)後、公法学者は途切れていたが、藤田判事の就任により復活したものである。同判事は、個別意見を書くことを他の最高裁判事にも呼びかけ、その時期には、第三小法廷の五人の最高裁判事の全員が個別意見を書いた判決があるくらいである。[8] 法学者出身の判事が他の判事にも議論を持ちかけることで最高裁全体が活性化されるのである。第三小法廷は、当時、特に注目されており、法曹関係者は、公法学者出身の最高裁判事の重要性を再認識したものである。

その藤田判事が退官し、次に法学者枠の最高裁判事になったのが、岡部喜代子判事である。しかし、実は、同判事は元裁判官であり、裁判官を退官した後に弁護士となりその後大学に入ったところで「学者枠」として最高裁判事に選ばれた経緯があり、「現在の最高裁に、事実上「学者枠」は存在しない」との指摘もあったという。[9] つまり、同判事は、学者枠とされているが、実質的にはあくまで裁判官出身ということである。

他方で、もう一人「法学者出身の判事」がいる。「弁護士」枠で選ばれている山口厚判事であり、著名な刑法学者である。ただ、弁護士登録をしているため「弁護士枠」といえなくもない。弁護士枠の最高裁判事は、日弁連が示した五人程度のリストから内閣が選び、任命するのが慣例であったが、第二次安倍政権は、日弁連の推薦した「弁護士枠」の候補者を任命することを拒否し、官邸の意向で山口厚教授を選んで最高裁判事に任命したとされている。[10] なお、山口厚判事は、先述の君が代再雇用拒否事件では裁判長を務めている。

このように、岡口分限裁判当時の最高裁には、「学者枠」として元裁判官である岡部喜代子判事がいたほか、安倍内閣が独自に選考したとされる山口厚判事がいたということになる。

実質一名減の「弁護士枠」

次に、弁護士出身の最高裁判事はどうか。最高裁は、一般に、個人の権利自由よりも、それを制約する法律制度、国家行為の必要性・合理性に重きを置く傾向があるとされるが[11]、そのような中でも、弁護士出身の最高裁判事は、少数者の人権を重んじるといわれてきた。過去には滝井繁男元判事のように「人権派」と呼ばれる弁護士が最高裁判事になったことも少なくない[12]。

もっとも、泉元最高裁判事は、最近、弁護士出身の最高裁判事がかなり変わってきたとし、以前は、「弁護士会で実績があった長老的な方が多かった」が、現在は、「法理論に強い方が比較的多く選ばれるようになっている」と指摘している[13]。人権問題に長年取り組んできたような弁護士は選ばれなくなり、ビジネス法務系の弁護士が選ばれる傾向がある[14]。宮崎裕子判事は、いわゆる四大法律事務所の一つである長島・大野・常松法律事務所の出身である。また、鬼丸かおる判事が二〇一九年二月六日に定年退官したが、その後任にも、四大法律事務所の一つである西村あさひ法律事務所のパートナー弁護士である草野耕一弁護士が選ばれた。

弁護士出身の最高裁判事は、第二次安倍政権下での変則的な任命によって、実質的には四名から三名に人数が減らされていることになる。その経緯は、稲田朋美衆議院議員および橋下徹前大阪府知事のAbemaTIMESの対談でも話題になっているが[15]、これによると、日弁連が現政権の諸政策に批判的であることが影響したとされており、かなり政治的な判断であることが窺われる[16]。

その結果、弁護士枠の最高裁判事は一名減となっており、岡口分限裁判当時は、宮崎裕子判事、鬼丸かおる判事、木澤克之判事であった。

しかし、このうち、鬼丸かおる判事は岡口分限決定の主任裁判官であり、また、宮崎裕子判事は先述の「ラストストロー理論」の補足意見を述べた判事である。つまり岡口分限決定では、寺西分限裁判とはまったく異なり、少数者の人権を特に重んじることが期待される弁護士出身の最高裁判事が、主任として戒告意見に与したり、被戒告者を補足意見で非難していたりしたのである。

やはり第二次安倍政権下で任命されたもう一人の弁護士出身者である木澤克之判事は、二〇一七年の最高裁判事国民審査の際に、ある経歴が省略されていたことが取り沙汰された判事である。同判事は、最高裁判事になる前に学校法人加計学園の監事をしていたが、国民審査の際の「審査公報」には、その経歴が記載されていなかったのである。

官僚組より官僚的な最高裁判事

このように、岡口分限裁判当時の最高裁には、かつてのような意味での「学者枠」判事がいない。たとえば韓国の憲法裁判所には憲法を研究している一〇〇人以上のスタッフが揃っているのに対し、日本の最高裁の建物の中には憲法問題を研究している職員は一人もいないという。[17]

また、弁護士出身の最高裁判事は、数を減らされて弱体化されているうえ、「人権派」弁護士出身者はおらず、岡口分限決定で見る限り「官僚組」以上に官僚的な判断（結論重視で、理由付けや手続保障は二の次）をしている。

それ以外の最高裁判事は、要するに「官僚組」であって、裁判実務の経験も少ない。特に行政官僚および検察官出身の最高裁判事四名は、その経歴上、過去に民事事件を担当した経験がほぼ絶無である。民事実務畑の裁判官であれば、裁判官の「王様」化を防ぐための三つのルールが何十年もの実務経験により体に染みついており、これらのルールに違反することには、相当に強い心理的な葛藤があるはずである。他方、司法行政の経歴の長い裁判官出身の最高裁判事は、先述した「規範的要件の主張立証責任の暗黙知」すら伝わっておらず、民事実務畑の裁判官との皮膚感覚の差は否めない。

岡口分限決定を妥当と考えていた司法関係者の中にも、反対意見が一切出なかったことには衝撃を受けた人が少なからずいたという。最高裁判事が上記のような構成であるから、寺西分限決定のときのように五名の反対意見が述べられることもなかったし、また、それ以前から不可思議な最高裁判決・決定が続いていたということなのかもしれない。「官僚組」の最高裁判事と、それにブレーキをかけるどころか、より官僚的な判断をした「非官僚組」の最高裁判事しかいないのだから。

追記

元裁判官ながら「学者」枠で任命された岡部喜代子最高裁判事が二〇一九年三月一九日に定年退官するのに伴い、後任に行政法が専門の宇賀克也・東京大学教授が任命されることが発表された。公法学者出身枠の最高裁判事が復活するということであり、最高裁判事の王様化が少しは食い止められることになるかもしれない。

(1) 瀬木前掲書(第Ⅲ部1章注1)八一頁。
(2) 泉ほか前掲書(第Ⅲ部3章注1)一五七頁。
(3) 藤田前掲書(第Ⅲ部3章注6)一四頁。
(4) 同書一四頁。
(5) 泉ほか前掲書一五八頁。
(6) 御厨貴編『園部逸夫　オーラル・ヒストリー――タテ社会をヨコに生きて』(二〇一三年、法律文化社)一九五頁。
(7) 泉ほか前掲書三二六頁。
(8) 藤田前掲書一六〇頁。
(9) 瀬木前掲書七八頁。

(10) 南彰・藤原慎一「〈1強〉第1部・平成の楼閣4　最高裁人事、慣例崩す」朝日新聞(二〇一七年三月二日付)、「裁判官の黒い秘密」週刊ダイヤモンド(二〇一七年二月二五日号)。

(11) 泉ほか前掲書二六二頁。

(12) 山口進・宮地ゆう『最高裁の暗闘――少数意見が時代を切り開く』(二〇一一年、朝日新書)一六九頁。

(13) 泉ほか前掲書三一〇頁。

(14) あくまでも一般論であるが、ビジネス法務系の弁護士は、M&Aなどを手掛ける一方で、訴訟の経験は少なく、ほとんど訴訟を経験したことのない弁護士もいる。

(15) 「橋下氏&稲田朋美氏、日弁連の政治的主張に違和感」AbemaTIMES(二〇一八年一一月二日付)。https://abematimes.com/posts/5333937

(16) 宮崎氏、山口氏、草野氏と、近年は弁護士出身の最高裁判事が三人連続で第一東京弁護士会から選ばれており、各弁護士会の調和を重んじる日弁連の意向に沿った人選ではないことが明らかといえよう。

(17) 泉ほか前掲書三三〇頁。

5 「裁判官ピラミッド」で起きていること

ルール違反のない最高裁判決を作成するためには、それだけの能力も必要である。ところが、裁判官ピラミッドの構成員の能力を低下させる要因がこれからみるように生じている。ピラミッド全体の劣化は、その頂点にいる最高裁判事の劣化をも意味する。日本の最高裁には、現在、憲法の専門家が一人もおらず、また、民事裁判実務の「暗黙知」の承継にも疑問符がつくが、さらに、そもそもの法律実務能力は低下していないのかという問題もある。

とりわけ、最高裁調査官の能力の低下は、最高裁の判決・決定のレベルの低下に直結する。最高裁判事による事件処理をサポートするのが最高裁調査官であり、四〇代前後の中堅裁判官から選ばれる。たとえば、外交官出身の最高裁判事は、これまで裁判実務をまったく経験していないから、最高裁調査官によるサポートが不可欠である(1)。最高裁調査官の能力が低下し、的確なサポートがされなくなれば、最高裁での合議はもちろん、判決・決定に問題が生じることは避けられない。

また、下級審の裁判官の能力が低下すれば、最高裁判事にとって下級審の存在がプレッシャーにならなくなる。下級審の裁判官は、必ずしも出世欲が強いわけではなく、むしろ、膨大な数の事件に囲まれながらも、どの事件も自ら納得できる処理をし、そのことを誇りとしている。そして、その積み重ねの中で自信も生まれる。東京高裁の部総括判事あたりに論客や実力者がずらりと揃っていれば、最高裁判事も、それを意識せざるを得ない。下級審裁判官を唸らせるような、パーフェクトかつ格調の高い判決・決定をもって、自らの権威を示そうとするであろう。

しかし、下に実力者が見当たらなくなれば、そういう意識もなくなってゆくのかもしれない。

司法制度改革のあとで

まず、弁護士人気の陰りが、法曹全体の能力低下要因となっている。優秀な人材が法曹界に入ってこないという問題である。司法制度改革の一環として、政府は二〇〇二年、司法試験の年間合格者数を「二〇一〇年には三〇〇〇人」とするとの目標を掲げた。この数字は一五年には「少なくとも一五〇〇人以上」と下方修正されたが、制度改革以降、合格者増により弁護士が過剰となった。弁護士になっても食べていけないという評判が広まり、多くの人がそれを信じるようになった。

とたんに司法試験は人気を失った。予備試験経由の合格者が増えたこともあって、法科大学院の志願者は、制度創設時である二〇〇四年度の延べ七万二八〇〇人から二〇一八年度は延べ八〇五八人にまで減少した。また、司法試験の受験者数も二〇一八年は約五二〇〇人にまで減少し、そのうち約一五〇〇人が合格するという大甘の試験になってしまった。合格率は約二九％まで上昇しており、受験者数に比べて合格者数が多すぎるとの批判もある(2)。

この司法制度改革に起因する法曹の人気低下→能力低下をリアルに実感しているのは、裁判所の窓口で基本的な質問をする弁護士に辟易《へきえき》している裁判所書記官だという。その裁判所書記官は、むしろ法科大学院出身者から採用される流れができたことで、逆に大きく能力を伸ばしている。いまでは、裁判官中心の司法研修所よりも、裁判所書記官が中心の裁判所職員総合研修所のほうが、毎年何冊も書籍を出すなど、実務的な影響力を持ち始めている。

民事訴訟の分野で目の当たりにしたこと

しかし、裁判官の能力低下の原因は司法試験の人気の陰りだけではない。もっと深刻な事態が、私の知る民事訴訟の分野でも現在進行形で起こっている。それが、「当事者の主張」欄の廃止と要件事実教育の終焉である。

裁判官は、あらゆることにプロである必要はない。たとえば、医療訴訟において、裁判官は、医学的な知識に関しては、ほとんど素人である。しかしそれで何の問題もない。鑑定や専門委員制度の利用による専門家のフォローが予定されているからである。医療訴訟に関する裁判例を予めくわしく知っておく必要もない。現在であればITも活用して効率よく裁判例を収集できるからである。民事裁判官がプロでなければならないのは、大雑把にいえば、「要件事実」と「書証(文書を証拠としたもの)を中心とした裁判特有の事実認定」である。

ところが、このいずれについても民事裁判官がプロたり得なくなりかけている。とりわけ「要件事実」についてである。法曹の作成した裁判文書と法曹以外の者が作成した裁判文書は、違いが歴然としている。法曹以外の者が作成した訴状は生の事実をそのまま記載しているが、法曹が作成した訴状は生の事実を法的な見地から再構成した事実を記載している。これが「要件事実」と呼ばれるものであり、裁判文書に要件事実を記載することは、法曹の最低限の素養である。

そして、従来は民事裁判官が要件事実をマスターするための格好のテンプレートがあった。それが判決書の前半部分にある「当事者の主張」欄である。訴訟において当事者が主張した事実を法的な見地からさらに正確に再構成して、つまり、完全に正しい要件事実の形でこの欄に記載したのである。「当事者の主張」欄をパーフェクトに書けることこそ、民事裁判官のプロたる所以《ゆえん》とされた。「当事者の主張」欄は、長い年月をかけて書き方のテクニックが蓄積され、そこには法曹の智が結集していたといえる。

民事裁判官は、「当事者の主張」欄というテンプレートを完璧に使いこなすことで、最も正しく要件事実の記載ができるようになった。いわば、民事裁判官のプロになるためのツールである。

こんな便利なツールがあるのだから、裁判官以外の法曹も、これを使わない理由はない。司法試験に合格すると司法修習生となり、司法修習が行われる。ここでも、「当事者の主張」欄を書くという鍛錬を通して司法修習生の実務教育が行われた。これが要件事実教育である。

テンプレート廃止がもたらしたもの

司法修習生は、「民事裁判」という科目の中で、二年間みっちり要件事実教育を受けることで、「当事者の主張」欄というテンプレートをかなりの程度まで使うことができるようになっていた。弁護士になれば、それが訴状や答弁書などの裁判文書を作成する際に役に立つ。裁判官になった者も、判決書の「当事者の主張」欄の起案の演習を、丁寧な指導を受けながら二年間も続けてきたのであるから、民事裁判官のプロになるための土台がかなりの部分でできあがっていた。そのため、民事部の新任判事補に対しては、引き続き同じテンプレートを用いて指導をすることで、容易に、その判事補をひとり立ちできるプロとして育て上げることができたのである。

ところが、裁判所は、このとてつもなく効率の良いツールである「当事者の主張」欄を自らの手で葬り去ってしまう。

民事訴訟の判決書は、一般の当事者向けに書かれるものであるから、当事者でもわかるような平易なものにすべきであること、訓練を積んでいない弁護士任官者（弁護士から裁判官になる者）でも起案ができるような容易なものにすべきであることなどの理由からである。より実質的には、民事訴訟の事件数が右肩上がりで増加する中で、パーフェクトではあるが作成に時間のかかる「当事者の主張」欄の作成が裁判官の負担になっているという理由もあった。立証責任の分配、要件事実の絞り込みにエネルギーが取られ、判決の作成が遅くなる一因にもなっていたとの指摘もある。(3)

「当事者の主張」欄のない判決様式である「新様式判決」が考案され、一九九〇年に「東京高等・地方裁判所民事判決書改善委員会、大阪高等・地方裁判所民事判決書改善委員会の共同提言」として「民事判決書の新しい様式について」（法曹会）が発表された。その後しばらくは、新様式だけでなく、「当事者の主張」欄のある伝統的な従来様式も使われていたが、やがて、伝統的な従来様式はほとんど使われなくなった。その結果現れたのは、様々な事実を法的な見地からとらえ直し、要件事実を組み立てるという民事裁判官のプロになるためのツールをもっていない裁判官である。

彼らは、自力で、かつ、独学でプロになることを強いられている。「当事者の主張」欄さえマスターすれば誰でも自動的に民事裁判官のプロになることができた一昔前の世代とは大違いである。

こうして教育も失われた

また、司法研修所における要件事実教育も行われなくなった。

こちらは、司法制度改革の影響である。二〇〇四年に法科大学院制度が発足すると、法科大学院に二年または三年、司法修習に二年というのは長すぎるということで、司法修習は一年に短縮になった。また、司法試験合格者が従前の約五〇〇名から約二〇〇〇名へと、四倍にも膨れあがったため、一人ひとりの司法修習生に対して丁寧に指導することもできなくなった。期間の短縮と人数の増加により要件事実教育は現実問題として実施不能となったのである。

法曹の能力低下の要因としては、司法試験の人気の陰りよりも、司法修習期間の短縮および要件事実教育の廃止のほうが、はるかに影響が大きいと思われる。

先述のように、かつては司法修習中にセミプロくらいにまで育ってから法曹になっていたところ、いまではほとんど育ててもらえず法曹になってから自分で頑張れという世界である。しかも、かつてはあったテンプレートもないため、まさに、白紙のキャンバスだけ与えられて、何の技術も教わらないまま、自力でプロ級の絵を描けといわれているのである。

要件事実教育は、司法研修所の「民事裁判」という科目の中で行われていたものであり、民事裁判官を育成することが主目的であった。司法研修所では「民事弁護」「検察」等の科目もあり、弁護士や検察官の育成はこれらの科目の中で行われている。そのため、要件事実教育の消滅は、とりわけ、民事裁判官の育成に問題を生じさせているものである。

他に、いわゆる「飲みニケーション」の消滅により裁判官同士の交流が減り、先輩裁判官から後輩裁判官への「智」の伝授の機会が減ったことも、裁判官の能力低下の要因として挙げられよう。

現在は、まだベテランの民事裁判官が多いため、この問題はそれほど表面化していないが、すぐに、要件事実教育を受けていない民事裁判官のほうが多くなる。そのときに裁判官の質がどこまで低下するのかは予想もつかない。「当事者の主張」欄を使うことができる裁判官は、どんなに複雑な民事事件であっても、その事件の法的な把握について必ず正解にたどりつくことができる。しかし、若い裁判官はこのオールマイティツールを持ち合わせておらず、すべてはその裁判官の努力・実力しだいという厳しい状況に置かれている。やがては、誰も正解がわからなくなり、間違ったままの民事判決が上級審に行ってもそのまま維持される時代が到来するのかもしれない。

民事裁判官の育成に以上のような問題点が生じていることについては、拙書『裁判官は劣化しているのか』(二〇一九年、羽鳥書店)においてより詳細に論じているので、そちらも参照されたい。

(1) 藤田前掲書(第Ⅲ部3章注6参照)六八頁には、最高裁調査官が意図的な「資料操作」をして必要な資料を見せないという行政官出身判事の指摘も現れる。

(2) 「13弁護士会が声明「さらに司法試験合格者減らすべき」裁判官、検察と比べ「弁護士だけが増加」」弁護士ドットコムニュース(二〇一九年二月六日付)。https://www.bengo4.com/other/n_9198/

(3) 泉ほか前掲書(第Ⅲ部3章注1)一一七頁。

6 監視・批判勢力はいま

学界と最高裁の関係は

本章では最高裁の外部に目を転じよう。「王様」化を監視し、批判する勢力は存在するだろうか。

下級審裁判官は、おかしな最高裁判決が現れても、それを表だっては批判しない。上級審の判断にしたがわなければならない立場にあるし、また、下級審において最高裁判決の講評や勉強会が行われるわけでもないので、批判する場自体がないともいえる。

職場で話をしているときに最高裁判決の批判を口にする裁判官がいないわけではないのだが、私以外の裁判官は、ツイッター等を用いた情報発信をしないため、外部に対し最高裁判決を紹介したり、それこそ批判したりしている裁判官は私一人である。そして、言うまでもなく、最高裁は私ごときにツイッター等で批判されても痛くもかゆくもない。

法学者は、もちろん最高裁判決を批判することがある。しかし、内田貴・東京大学名誉教授（民法）が「学界と実務界との間にものすごく深い溝があ」ると指摘しているとおり[1]、法学者の批判に最高裁が耳を傾けるとは限らない。先述のとおり、憲法学者は、最高裁の憲法判断の手法について長年にわたり批判を続けてきたが、まったく受け入れられなかったとされる。民事訴訟においても「契約の解釈の仕方」という根本的なところで既に法学者と裁判官の見解は異なっている[2]。

法学者出身の藤田宙靖元最高裁判事も、最高裁の日常において「法律学者」が現実に果たしている役割は、学者自らが期待しているほどに大きなものではないとし、当該紛争の解決が求められている実務は、「なぜか」を追い求める学問とは明らかに関心の方向が異なるとの指摘をしている[3]。

そもそも、学者は、興味のある、あるいは自身の専門領域に関わる最高裁判決・決定でなければ研究して批評しようとはしない。憲法学者は、最高裁が憲法判断を回避してしまうと、回避された部分を研究対象から外してしまうこともある（たとえば、曽我部真裕・京都大学教授は岡口分限決定について、これは必ずしも表現の自由についての判例ではないとしている[4]）。

そうでなくても、わが国では、学者の社会的地位や影響力が必ずしも高いとはいえず、他の分野と同様、その権威は失われつつある。

マスコミと最高裁の距離

他方、不可思議な最高裁判決・決定に対しマスコミから鋭い批判がなされ、大バッシングが起きるのであれば、最高裁もそれを意識せざるを得ない。しかし、一例を挙げるなら、ＮＨＫ受信料大法廷判決が契約の自由の侵害の有無についてまともに説示しなかったことを、メディアはキャンペーン的に取り上げることはなかった。

司法記者クラブには若い記者が多い。司法記者は法学部出身とは限らないし、昨今の人手不足の状況では、記者をしながら法律の勉強をする時間もないだろう。マスコミ内部では専門的な人材がなかなか育たないものである。ノーベル医学生理学賞を受賞した本庶佑《たすく》・京都大学特別教授も記者の質問が不明瞭であるとして記者会見の場で嘆いていた。

裁判官が私的なツイートを理由に分限裁判の申立てをされたと聞いて、それはさすがにおかしいのではないかとの感覚をもつジャーナリストやマスコミ人もいまでは少数派のようである。こういうときにピンと来ないというのは、ジャーナリズムの世界も、裁判官と同じようにサラリーマン化が進んでいるのかもしれない。岡口分限裁判の申立てがされたことは大手マスコミが一斉に報道したが、その時点で識者による批判的なコメントを載せたのは、信濃毎日新聞だけであった(二〇一八年七月二五日付)。

私の弁護団が、このようなマスコミの状況を熟知したうえで、岡口分限裁判の問題点を伝えるために記者会見を開く戦略に出たことは既に述べたとおりである。

ところが、二度も記者会見を開いて岡口分限裁判の問題点を一通り説明したにもかかわらず、たとえば、毎日新聞の伊藤直孝記者は、岡口分限決定の翌日の記事で、「……繰り返し市民の抗議を受けながら開き直るような態度に終始した。懲戒はやむを得ないであろう」と批判し、また、決定から約二カ月後にも比較的長文の記事において、岡口分限裁判の問題点には触れることなく、「……裁判官が裁判に関する投稿で繰り返し裁判当事者の抗議を招いた。反省は不要と言えるだろうか」とさらに反省を求めた(二〇一八年一二月二〇日付「記者の眼」)。

読売新聞は、記者会見の翌日、基本的には岡口分限決定に沿う内容の記事を掲載した。そこでは、会見での私の発言のうち「『過去の厳重注意も問題にして処分しており、ふざけた決定だ』と不満げに話した」「『ネットでの情報発信はこれまでと同じようにやっていきたい』と語った」という部分のみ取り上げられていた。そのように発言をした理由についてはそれ以上何も書かずにである。これでは私が「捨て台詞」を吐いただけのように思われてしまうが、実際にネット上では私の上記発言を非難する書き込みが目立った。

産経新聞は同紙の社説にあたる「主張」において、「担当外の裁判官が勝手気ままに提訴や判決について投稿することを許せば、判事とは審理を経ずに結論を出すものとの印象を広く世間に与えることになる」と述べた(二〇一八年一〇月二一日付)。これは、岡口分限決定の「被申立人のこのような行為は、裁判官が、その職務を行うについて、表面的かつ一方的な情報や理解に基づき予断をもって判断するのではないかという疑念を国民に与える」という判示を受けたものと思われるが、それ以上に意味不明である。本件ツイートを読んで「判事とは審理を経ずに結論を出すものとの印象」をもつ方などいるのであろうか。

フジテレビをはじめとするテレビの取り上げ方はさらに一方的なものであった。私の白ブリーフ姿の画像を画面に大きく映し出し、私に否定的な街の声を取り上げるなどしていたが、この画像は岡口分限裁判の事案とはまったく無関係であるし、私は画像の使用を許諾したこともない。テレビ朝日「スーパーJチャンネル」のコメンテーターであるジャーナリストの大谷昭宏氏（同氏は大谷剛彦元最高裁判事の兄でもある）は、こうした画像の印象が強かったからなのか、「影響のないところに異動させせないと裁判全体の信用を失うことになりかねない」という趣旨の発言をしていた（二〇一八年九月一一日）。

決定を言い当てた読売新聞

むしろ、マスコミには、権力者におもねることで情報を得ようとする向きも存在することから、「権力の監視」どころか、下手をすれば権力者のプロパガンダを担いかねない。諸外国ではそうならないようにマスコミと権力者が一定の距離を保っているようであるが、わが国では、大手マスコミの社長が「時の権力者」と定期的に会食をしてしまう。その成果なのか、読売新聞は、得た情報を権力者が明らかにするよりも先に報道することがあるそうであり、芸人のプチ鹿島氏は「恐怖新聞」(書いたことが現実になる新聞)と「文春オンライン」での記事において皮肉っている。(5)

裁判所とマスコミの関係についても同様の懸念がある。私がとても不思議に感じているのは、裁判所当局と読売新聞との関係である。第I部でも述べたとおり、私の最初の厳重注意処分は、読売新聞が他社に先駆けて報道した。裁判所当局者にその理由を尋ねたところ、処分を受けたことを私自身がツイッターで明らかにしていたからであるとの説明があったが、二〇一六年六月二七日付読売新聞は、私がツイッターで明らかにした内容を超える報道をしていた。私がツイッター上ではすぐに削除したため内容がわからないはずの「発掘」ツイートの内容まで報じていたのである。

また、二度目の厳重注意処分では、関係者からの抗議があった二〇一七年一二月と厳重注意処分がされた二〇一八年三月にマスコミ各社の一斉報道があったが、読売新聞は、これ以外に同年二月下旬にもこの件を報じ、厳重注意処分が検討されていると伝えている。ところが不思議なことに、私は、その数日前に東京高裁事務局長室に呼ばれ、吉崎事務局長から、この件について近々、新聞報道があることの予告をされていたのである。

さらに、岡口分限決定についても、読売新聞は、決定がされる一〇日前に、「最高裁は、今回の投稿内容だけでなく、過去の投稿内容も踏まえて判断するとみられる。その際、判断のポイントとなるのが、一連の投稿内容が裁判官に求められる品位を欠き、裁判官全体や裁判所への国民の信頼を損なうといえるかどうかだ」と、近々戒告処分がされるかのような報道をした(二〇一八年一〇月七日付)。すると、その一〇日後に、そのとおり、「過去の投稿内容も踏まえて」「裁判官全体や裁判所への国民の信頼を損な」ったとの理由で、私は戒告処分となった。

岡口分限裁判の申立書は、本件ツイート行為のみを対象として、「元の飼主を傷付けた」ことを申立ての理由にしていた。それなのに、読売新聞は、どうしてここまでくわしく岡口分限決定の内容を言い当てることができたのであろうか。まさに「恐怖新聞」である。この記事が出た日、ある法学者から私の弁護団に対し、同記事はその内容から最高裁のリークと思われるとの指摘もあった。

岡口分限決定の当日、その読売新聞から、野間弁護団長の事務所に、「本日、戒告決定がされましたが、記者会見はされますか」との問い合わせがあり、これによって私の弁護団は決定がされたことを初めて知った。弁護団は決定日がいつなのか知らされておらず、決定はもっと先になると予想していたのである。私は、どうしてこのようなことばかり起こるのか、記者会見の際に読売新聞の記者に尋ねたが、記者からの返答はなかった(このやりとりも先述の YouTube で見ることができる)。

なお、最高裁が判決の内容を事前に第三者に漏らした例は過去にある。二〇一三年、アメリカ公文書館に対する開示請求によって新文書が開示され、田中耕太郎最高裁長官が、旧安保条約と米軍駐留の合憲性が問われた砂川事件の上告審判決の内容および判決がされる時期を、事前に駐日アメ

リカ大使に漏らしていたことが明らかになったのである。(6)

監視のプラットフォームがない

もっとも、マスコミが最高裁の判決・決定を批判することもないわけではない。既に述べたように、岡口分限決定を批判するマスコミも決して少なくなかった。

君が代再雇用拒否事件判決は、朝日新聞、毎日新聞、東京新聞、しんぶん赤旗など各紙がくわしく報じ、その内容を厳しく批判する社説を掲載するなどした。これは、各メディアの教育担当の記者が君が代不起立問題について以前から関心をもって追いかけていたことが大きい。しかし、それが世論を強く喚起するまでは発展しなかった。最高裁もこの判決でオールマスコミから批判されることはないと読んでいたのかもしれない。

比較的社会の関心が高い問題に限らず、最高裁の判決・決定について満遍なく監視し、問題があれば指摘するというのは、マスコミに期待すべきことではなく、専門家である法学者や法曹が担うべき仕事なのかもしれない。看過し難いほどおかしな最高裁判決・決定がされたというだけでニュース価値があると思われるが、現在の体制の下では、それだけでは記事化できないのであろう。

せめて業界紙があればいいのだが、残念ながら、わが国の法曹業界には、法律雑誌や諸団体の月刊誌は様々あっても、業界紙というものがない。それこそ私が昔運営していた法律情報ポータルサイトのようなものでもあればいいのであるが、それもない。あえてそれに近いものといえば「弁護士ドットコムニュース」であろうか。

以上みてきたように、最高裁判事の「王様」化が可能な内外の状況が整ってしまっている。最高裁は、扱う事件数があまりに多いということもあって、省略してはならないものまで省略するなど、ルールに違反する事件処理をするようになったが、それに対し内外から反対や批判が出ることもない。そういう状況が続く中で、最高裁判事は次第に「王様」化していったのである。

（1）「〈元法務省民事局参与・内田貴氏インタビュー〉民法改正に残された課題は？」月刊弁護士ドットコム三一号（二〇一八年四月一日）三四頁。

（2）中田裕康「〈金融商事の目〉当事者の共通の意思」金融・商事判例二〇一九年一月一日（一五五六）号一頁。

（3）藤田前掲書（第Ⅲ部3章注6参照）一四八～一五一頁。

（4）曽我部真裕「裁判官がツイッター上で投稿をしたことについて戒告がなされた事例」TKCローライブラリー　新・判例解説Watch 憲法No.151（二〇一八年一二月二一日付）。
https://www.lawlibrary.jp/pdf/z18817009-00-011511688_tkc.pdf

（5）プチ鹿島「〝失言大臣〟桜田五輪相を〝恐怖新聞〟読売が怖がる理由？」文春オンライン（二〇一八年一一月一六日付）。http://bunshun.jp/articles/-/9675

（6）「上告審の見通し、米へ伝達　砂川事件で最高裁長官」（朝日新聞二〇一三年四月九日付）。

第Ⅳ部

「司法の民主的コントロール」は可能か？

1　裁判所の組織防衛術

裁判所の「基本原理」

じつは、岡口分限裁判で明らかになったことは、第Ⅲ部でみてきた最高裁判事の「王様」化のほかにもう一つある。それは、裁判所当局には裁判官の外部への発言を封じ込めることで裁判所という組織を守ろうとする基本原理があるということである。

既に第Ⅰ部で述べたとおり、裁判所は裁判所職員にネットでの情報発信をさせたがらない。多くの裁判所職員は、上司から遠回しに注意を受けただけで、何かを感じ取りネットでの発信をやめてしまう。ＳＮＳでは完全匿名にしたり、一部の友人以外には非公開としたりして裁判所職員であることをわからなくしている。ところが、注意を受けても実名でのネット発信を続けている裁判官がいると、裁判所当局は、それをやめさせるために戒告処分まで下す。

現在の最高裁判事は、当該裁判官を戒告処分にするという結論を決めさえすれば、あとは「王様」として、思いどおりの裁判をすることができる。

そして、東京高裁も「王様」に対して事前に報告をしていたからこそ、あのような分限裁判の申立てができたのではないかと考える。

訴訟当事者から裁判所職員によるツイートの削除を求められたのであるから、東京高裁としては、直ちに当該職員に連絡をしてそのツイートを削除させるべきであった。しかし、林長官は、抗議を受けた三日後に私を長官室に呼び出し、第一段階として、私にツイッターをやめるよう迫った。

私がツイッターをやめなかったところ、既に各方面への根回しを済ませていたと思われる林長官は、第二段階として、分限裁判の申立てをすることにしたが、そのときになってようやく「判決を読まずに当該訴訟について情報発信をした」との理由では懲戒事由に当たるとの主張ができないことに気が付いたのではないだろうか。もっとも、既に「王様」への報告が済んでいたなら、それはたいした問題ではないということになる。

その結果、林長官の行った分限裁判の申立ては、懲戒事由も特定せず、本件ツイートが元の飼主を「傷付けた」ことのみを理由にした申立書になった。被申立人の手続保障をまったく考慮していないこの申立ては、東京高裁の長い歴史に汚点を残すものになったが、「王様」の後ろ盾があることで林長官もまた「王様」化することができたと私は考えている。

「多数派」世論とのあいだで

それでは、裁判所は、なぜ裁判官による外部への情報発信をやめさせようとするのか。それは、その情報発信により裁判所の信頼が失墜するリスクがあり、裁判所の組織防衛の観点からは大問題だからである。

この点は、曽我部真裕教授が、岡口分限決定分析において次のように指摘していることが参考になる。

「……裁判所が長年に渡って形成してきた裁判官像や国民の信頼イメージは、司法の独立に対する社会的な理解が浅く、裁判所の地位が脆弱な状況において、世論やとりわけ国民代表からの攻撃を避け、少なくとも民刑事裁判での裁判所の領分を守っていくための知恵であった(1)」

同教授はまた、「……国民の積極的な信頼を求めないことにより、「個性的な」裁判官が引き起こしうる混乱やそれを理由とする外部からの攻撃のリスクを低減できる」とも指摘している(「積極的な信頼」については次章一八九頁以下参照)。

そこで、まず、世論による裁判所攻撃について考えたい。とりわけ、このネット時代では、世論による猛烈な裁判所バッシングが、どのように生まれても、いつ襲ってきてもおかしくない状況にある。司法の本質は「少数者保護」であるから、原理的に、「多数派」である世論との緊張関係が絶えず生じる。

その世論の現状はどうだろうか。三権分立や司法権の独立の重要性を理解しそれを尊重するということが日本人の心の中に強く根付いている状況にあるとは言いがたい。これらは、海外から輸入した統治機構システムであり、多くの日本人にとっては教科書で学んだ知識でしかないのかもしれない。そのため、世論が三権分立や司法権の独立を重んじてバッシングを差し控えるということにならない。

刑事判決については、世論には歓迎されない結論になったとしても、裁判員と一緒に判断をしたものであるという説明が可能になった。裁判員裁判導入の前史としては、一九八〇年代後半、矢口洪一最高裁長官が、「独特の政治感覚」により、陪審制度(一般市民から選ばれた陪審員が有罪か無罪か事実認定を行い、裁判官は法解釈と量刑を行う制度)を導入することで、「仮に再審で無罪となっても、批判の矛先が裁判官ではなく陪審員になる、裁判官は批判をかわすことができる」と考え、その導入を強く促していたことがある。(2) 死刑判決確定後の再審無罪が相次ぐなど、職業裁判官が独占する裁判システムへの危機感があったとされる。実際に始まったのは裁判官と裁判員が評議を行う裁判員制度であるが、それであっても、刑事判決については、一定程度世論のバッシングをかわす仕組みができたといえるだろう。しかし、刑事裁判以外の裁判では、そういう防波堤もない。

最近の民事裁判官は、能力低下を招く様々な要因もあって自信を失っているのか、明らかな権利侵害がなければ、思い切った判断を躊躇しがちである。自ら判断することを回避し、戦時下に起きた言論弾圧である横浜事件の再審遅延に対する国家賠償訴訟の東京高裁判決のように、当該問題は、司法府で判断するのではなく、「立法府で議論されるべきである」と明言する判決まで現れている（東京高裁二〇一八（平成三〇）年一〇月二四日判決）[3]。だが、バッシングを畏れて世間に迎合する判決を下すようになったら司法は終わりである。

そこで、裁判所当局としては信頼できる裁判官イメージを国民に植え付けて、裁判官は常に正しい判断をしていると思い込ませることが肝要である。世論に合わない判断をした場合でも、信頼に値する裁判官がそう判断したのだからそれはやむを得ないのだと国民が思うようになっていれば、世論の反発を畏れずに司法が本来の役割を果たすことができるからである。

「司法の危機」のトラウマ

次に、立法府・行政府による裁判所攻撃について検討してみよう。裁判所からみるならば、苦難の歴史を歩んできたともいえる。

裁判所は、戦後、司法省から人事および経理の権限を移管され、独立の組織となったが、権力の裏づけもなく、曽我部教授が先述の論考で指摘するとおり、地位の脆弱な組織である[4]。

戦前の裁判官は行政官よりも待遇が悪く、裁判所は司法省の出先機関扱いのいわば三流官庁にすぎなかったが、その考え方が戦後も続いており、裁判所は、長い間、霞ヶ関の一府一二省庁の一番下の官庁のさらに下ぐらいにみられていたという(5)。

裁判手続や裁判所の人的物的施設に関する多くのことが法律で定められているが、裁判所には法律の提出権すらない。

また、予算についても、裁判所は予算要求ができるだけである。予算案を作成するのは内閣であるが、裁判所からはもちろん閣議に出ることもできないし、その予算案を議決するのは国会である。

さらに、国会には国政調査権があるため、裁判所に何か問題があると、国会が調査することがあり、過去には最高裁事務総局の事務総長や局長が国会に呼ばれたこともあった。

昭和四〇年代の「司法の危機」の時代には、米軍の駐留を違憲としたいわゆる伊達判決などがターゲットにされ、裁判官の一部が左傾化しているとして、法務大臣も務めた西郷吉之助・自民党議員などの保守派の政治家、少なからぬマスコミ、国民から猛批判を浴びた。自民党には、問題となる判決を調査し裁判官人事の参考にするためとして、田中角栄幹事長を中心として、「裁判制度に関する調査特別委員会」を設置しようとする動きまであった。

とりわけ争議行為など公共企業体職員の労働基本権をめぐる最高裁大法廷判決(全逓東京中郵事件一九六六(昭和四一)年一〇月二六日判決(6)、裁判長は学者出身の横田喜三郎)は、入江俊郎判事、岩田誠判事、横田正俊判事、田中二郎判事、松田二郎判事などの柔軟な思考の理論家が揃い、「裁判所の春」ともいうべき時期になされ[7]、基本的人権の制限は「合理性の認められる必要最小限のものにとどめなければならない」という違憲審査基準に立脚したものであったが、その二年後には、都教組事件最高裁大法廷判決[8](一九六九(昭和四四)年四月二日)、全司法仙台事件最高裁大法廷判決[9](同日)が続き、公務員の労働基本権を広く認める流れがはっきりと現れたことから、保守派は危機感を強めた。

佐藤栄作首相は、保守派政治家である木村篤太郎参議院議員の進言を受けて、穏健派の田中二郎判事ではなく、石田和外《かずと》判事を最高裁長官に指名し、その頃から、「判決をいろいろひっくり返す策動をしていた[10]」ところ、その狙いどおりとなった。先述した一連の最高裁判決は、違憲審査基準に立脚するという本来あるべき憲法判断をしたものであったにもかかわらず、その後の石田最高裁長官を中心とする大法廷判決(全農林警職法事件[11]、一九七三(昭和四八)年四月二五日判決)によって判例変更されてしまったのである。そして、これに落胆したのか、田中二郎判事は、定年まで三年以上を残して最高裁判事を退官したという[12]。

このことについて、藤田宙靖元最高裁判事は、「内閣による最高裁判事の任命権が、政権党の政治的イデオロギーと共通する考え方を持つ裁判官を選択する方向に働き、このことを通じて、最高裁の判決を政権党に有利な方向へ導くということは、……現実にもそのような例が全く無かったとは言えまい」「昭和四〇年代の、公務員労働基本権を巡る最高裁判例の激動は、おそらくその例と言って良いと思われる」と指摘している[13]。なお、石田長官は、退官後、一九七八年に「元号法制化実現国民会議」を結成し、これが現在の日本会議へと発展する。

裁判所は、こうした経験もあって、立法府・行政府からの干渉を受けないことを最優先課題とするようになった。

裁判所内部では、一九七一年から、「全国裁判官懇話会」という、リベラルな裁判官が全国から集まる会合が年に一、二回行われていたが、裁判所当局は、同会に参加している裁判官に対し、あからさまな人事差別を行っていた。時間をかけて、次々と、同会に参加させないようにしていったのである。[14] 同会が幕を下ろしたのは二〇〇七年のことである。[15] また、一九七〇年代以降は、最高裁判事は官僚派の裁判官が大勢を占めるようになり、社会秩序重視の判決が多くなっていった。[16]

危機管理意識を呼び起こした「情報発信」

そして、近年、先述のように、最高裁判決・決定は、違憲審査基準に立脚することがほとんどなくなり、個人の権利自由よりも、それを制約する法律制度、国家行為の必要性・合理性に重きを置くようになった。組織防衛を最優先課題にしてきた最高裁は、「裁判所の春」の時代に戻ろうとはせず、現在に至っても、NHK受信料大法廷判決のような法学部の学生から不思議がられる判決を出し続けているのである。

とりわけ、私のネットでの情報発信については、裁判官訴追委員会の動きが最高裁当局に危機感を抱かせたものと推測される。私が東京高裁の長官室に呼ばれた際にも、林長官は、同委員会に動きがあることへの懸念を述べていた。そのことは、第Ⅰ部で触れた吉崎報告書Bにも、「……国会の関係なので分からないが、裁判官訴追委員会も動くかもしれない」との記載がある。[17]

市民による裁判官の弾劾申立ては、そのほぼすべてが却下されているから、通常は、裁判所当局がいちいち気にする必要はないが、私については、国会議員の一部が問題意識をもって現実的に動いていたというのであれば、裁判所当局も何の手も打たないわけにはいかない。

実は、過去には、裁判官訴追委員会に裁判官が呼ばれたこともある。まだ戦後の裁判所が発足したばかりの混乱期にあった一九五〇年代である。

齋藤悠輔最高裁判事は、いわゆる尊属傷害致死事件[18]の最高裁判決(一九五〇年)において少数意見に対し激しい言葉を使って補足意見を述べたことが問題視されて、裁判官訴追委員会の調査の対象となった。[19]また、いわゆる吹田黙禱事件[20]では、佐々木哲蔵裁判官が、その訴訟指揮に問題があったとして一九五三年に訴追委員会にかけられたが、裁判長であった同裁判官およびその陪席の両判事は司法権の侵害として応じず、訴追委員会の尋問も拒否した。他方で最高裁は、その訴訟指揮を「まことに遺憾」とする通達(「法廷の威信について」最高裁判所総総二一〇号)を全裁判官に宛てて発するなどして再発防止をアピールし、その効果もあってか、一年三カ月もの佐々木裁判官に対する調査の後、裁判官訴追委員会は翌年一一月、同裁判官を訴追猶予とした。

また、一九九七年には、いわゆる愛媛玉串料訴訟[21]で、最高裁が判決内容を事前にマスコミに漏洩した疑いがあるということで最高裁判事一五人全員が訴追の請求を受けるということもあった。このときは、最高裁事務総長が訴追委員会に呼ばれ、委員らから事情聴取を受けた。

最高裁の「国会対策」

その後は、二〇年以上、児童買春等の犯罪行為をした例を除けば、裁判官が国会から問題視されることはなかった。裁判所としては、その状況を今後も続けることで、国会から裁判官の訴訟指揮にまで干渉されていた悪夢のような時代を「大昔の思い出話」にしてしまいたいところである。

そのようなときに、私的なツイートをめぐって野党の訴追委員から問題視される裁判官が現れてしまった。裁判所としては、こうした理由で裁判官が国会に呼ばれるような事態は絶対に起こしてはならず、再発防止のための強い姿勢をアピールしなければならなくなったのである。

もっとも、だからといって、その裁判官を戒告処分にまでしてしまうのでは逆効果となるリスクもある。懲戒事由があるとの最高裁のお墨付きを得たことで、逆に、裁判官訴追委員会が、当該裁判官の追及を強めるということも考えられるからである。しかし、最高裁は、この「逆のリスク」は少ないと考えて、今回の戒告処分に踏み切ったのであろう。

どの組織にとっても、生きのびるために求められるのは組織防衛である。力のない裁判所にとって一番の組織防衛は、裁判官に高度な自己規律を求めることで裁判所全体の信頼を高めることである。立法府や行政府が介入する口実を与えないようにし、また、世論からの批判もかわすのである。

そして、そのためであれば、裁判所内部の人間に対してはどんなことでもする。外部への情報発信をしていたら戒告してでもやめさせる。長期間にわたって人事上のあからさまな差別をしていたくらいであるから、それに比べれば戒告などまったくたいした話ではないのである。

(1) 曽我部前掲論考(第Ⅲ部6章注4参照)。
(2) 泉ほか前掲書(第Ⅲ部3章注1参照)一三七～一三八頁。
(3) ちなみに、同判決に対する最高裁への上告申立ては、期限内に上告理由書を提出しなかったという弁護団のミスにより、東京高裁において却下された。
(4) 曽我部前掲論考。
(5) 泉ほか前掲書一二五頁。
(6) 刑集二〇巻八号九〇一頁。http://www.courts.go.jp/app/files/hanrei_jp/746/050746_hanrei.pdf
(7) 泉ほか前掲書二九三頁。
(8) 刑集二三巻五号三〇五頁。http://www.courts.go.jp/app/files/hanrei_jp/812/050812_hanrei.pdf
(9) 刑集二三巻五号六八五頁。http://www.courts.go.jp/app/files/hanrei_jp/779/050779_hanrei.pdf
(10) 御厨編前掲書(第Ⅲ部4章注6参照)二三二頁。
(11) 刑集二七巻四号五四七頁。http://www.courts.go.jp/app/files/hanrei_jp/906/050906_hanrei.pdf

一九五八年、集会やデモを事前に禁止できるなど、警察の権限を強化する警察官職務執行法の改正案をめぐって、全農林労働組合が農林省前でこれに反対する職場集会を開いたところ、全農林中央執行委員会幹部らが、同集会への職員の参加をあおったとして国家公務員法違反で起訴された事件。一審は無罪、二審では農林省職員が公務員であることを重視して有罪判決(罰金五万円)であったが、最高裁大法廷は、公務員の争議行為禁止規定を限定解釈していた従来の判例を覆し、職務内容の別なく、一律かつ全面的な制限を合憲とした。

(12) 泉ほか前掲書二九六頁。

(13) 藤田前掲書(第Ⅲ部3章注6参照)一六四頁、二四七頁注(2)。

(14) 瀬木前掲書(第Ⅲ部1章注1参照)一一六頁。なお、裁判所当局は、全国裁判官懇話会に参加している裁判官をあぶり出すため、裁判官が国内旅行をするときは届出をしなければならないという制度までつくった。年に一、二回開かれる同会の全国大会の参加者を把握するためである。この制度は、同会の消滅後に廃止された。

(15) 高橋淳「裁判官懇話会に幕　司法の原点問い三五年」朝日新聞(二〇〇七年四月八日付)。

(16) 泉ほか前掲書二九四頁。最近では、生活保護受給者に自己の名義を貸すことで自動車の使用を可能とした者に対し、「運行供用者責任」の概念をかなり広く解することで、その生活保護受給者が自動車で起こした事故の責任を負わせた判決も現われている(最高裁二〇一八(平成三〇)年一二月一七日第一小法廷判決。http://www.courts.go.jp/app/files/hanrei_jp/189/088189_hanrei.pdf)。

(17) 吉崎前掲報告書(第Ⅰ部5章注2参照)四頁二四〜二五行目。

(18) 尊属殺とは自己または配偶者の直系尊属(血族)を殺害する罪。法定刑が「死刑又は無期懲役」と限定されていることについて、一九七三年、最高裁はこれを違憲としたが（最高裁昭和四八年四月四日大法廷判決。刑集二七巻三号二六五頁。http://www.courts.go.jp/app/files/hanrei_jp/807/051807_hanrei.pdf）、それにさかのぼる一九五〇年の最高裁大法廷判決（昭和二五年一〇月一一日。刑集四巻一〇号二〇三七頁。http://www.courts.go.jp/app/hanrei_jp/413/054413_hanrei.pdf）において、「合憲論」の急先鋒であったのが齋藤判事だった。

（19）夏樹静子『裁判百年史ものがたり』（二〇一〇年、文藝春秋）一八三頁。

（20）一九五二年、大阪府吹田市・豊中市で朝鮮戦争・軍事輸送に反対する学生、労働者らが警官隊と衝突した「吹田事件」の裁判において、担当の佐々木哲蔵裁判長が朝鮮戦争の休戦を受けて被告、傍聴人が黙禱や拍手を行うことを制止しなかった訴訟指揮が問題とされ、国会の裁判官訴追委員会が調査に乗り出した事件。

（21）愛媛県が靖国神社や県護国神社に対して玉串料など計一六万六〇〇〇円を支払ったことに対して、一九八二年、原告側住民が返還を求めて当時の知事、県職員を提訴。一九八九年の一審では違憲の判断が示されたが、二審判決は玉串料等の支出額は「社会的儀礼の範囲内」であり合憲とした。一九九七年、最高裁大法廷は被告側主張や二審の判断を退け、玉串料等の公費支出は憲法二〇条三項および八九条の政教分離規定に違反するという違憲判断を下した。

2　裁判官の「真の信頼」のために

まな板の上の国民

岡口分限裁判で明らかになったことが二つあった。一つは最高裁判事の「王様」化であり、もう一つは、裁判所は、その信頼維持のため、戒告までして裁判官を黙らせようとすることである。これらを国民の側からみるとどういうことになるであろうか。

裁判所にとって、世論は重大な脅威であり、組織防衛のために国民からの裁判所への信頼を保ち続ける必要があるが、国民は、この場面では、裁判所から「情報操作」される対象となる。他方、国民は、いつでも裁判の当事者になる可能性もあるが、この場面では、裁判という「まな板」の上で、裁判官によって裁かれる立場となる。

最高裁判事の「王様」化とは、国民が裁判の当事者になったときに「王様」に好き勝手に裁かれるリスクが発生するということである。たとえば、君が代再雇用拒否事件の当事者は、十分な理由も示されることなく最高裁でいきなり逆転敗訴してしまった。そうであるのに、国民は、裁判所の「情報操作」により裁判所に対する信頼をもたされ続ける。これが岡口分限裁判によって浮かびあがった国民の立場からの問題点である。

司法権は、三権の一翼であって、司法という国家作用を担う強大な国家権力である。司法は専横的に国民の人権を侵害することもできるから、司法に異変がないかについては常日頃から見張っておく必要がある。

三権の中で司法権を一番警戒すべきであると考えている国もある。一例を挙げるなら、フランスは、極度に保守化した高等法院がフランス革命で真っ先に廃止されるなど、歴史的な経緯から司法に対する警戒感が強かったとされる。

裁判官を基本的に信用していない国も少なくない。英米法諸国では、陪審制を導入することで、裁判官ではなく一般市民が事実認定をしている。また、多くの国で、裁判官は警察官に次いでワイロを受け取りやすい職業だと考えられており、そのため、日本の裁判の和解手続のように原告被告のうちの一方だけが個別に裁判官と話をするという機会を絶対につくらせない。そこでワイロの授受がされてしまうからである(1)。わが国の裁判官も、室町時代まではワイロを受け取っていたといわれる。しかし江戸時代に江戸・大坂それぞれに管轄を同じくする二つの奉行所をつくって清廉さを

競わせ、「牽制と連携」を旨として運用して以来、世界に数少ない公正さを備えた司法機関を生み出したとされる。(2)

機能しない国民審査

憲法の教科書ふうにいえば、司法のコントロール手段としては、最高裁判所裁判官国民審査、国会による裁判官の弾劾裁判、国政調査権、内閣による最高裁判事の任命・最高裁長官の指名がある。しかし、最高裁判所裁判官国民審査に関しては、多くの国民が最高裁判事の名前を一人も知らないのが現状であろう。それでは×の付けようがなく、実際、特にリサーチを行うこともなく誰にも×をつけない人がほとんどであるという。そのため、毎回相当な費用と手間をかけながら現実にはまったく機能していないというのは、よく知られた話である。

また、国会による裁判官の弾劾裁判、国政調査権、内閣による最高裁判事の任命・最高裁長官の指名については、あまり強力な武器にしてしまうと三権の均衡を失わせる。これらが過去において裁判所を揺さぶり、裁判所を組織防衛へと走らせたことは既に述べたとおりである。

他方で、最高裁判事の人事については、国民の代表機関である国会がもっと発言権をもつべきではないかという提言が、園部逸夫元最高裁判事からなされている。(3) 憲法事件では政治的な判断が不可避であるから、人選についても政治的判断が必要であり、現にアメリカではそのようにして民主党系、共和党系などからある程度のバランスで最高裁判事が選任されているとする。園部元判事はまた、人選に国会が関わることで初めて、最高裁判事は本当の意味で国民から信頼されていくとも指摘している。アメリカでの最高裁判事の任命が極端に政治化していること、また一九七〇年前後の日本の「司法の危機」の時代のことを振り返ると、にわかには賛同し難いが、裁判官が憲法訴訟の判決において政治的な判断をせざるを得ないことを率直に認めるべきであるというのは、そのとおりであろう。

日本の「同質的な裁判官集団」

国民自身が直接に司法を監視し制御することはできないのだろうか。

憲法の教科書では、「司法の民主的コントロール」と題して、そのことを議論しているが、国民は制度としての司法のコントロール手段をもち合わせていないから、そこで扱われているのは、国民による裁判所批判といった程度の話である。

しかし、この「批判」こそ、裁判所が畏れている「世論からの攻撃」であり、裁判所はこれをかわすために「情報操作」作戦に出ているものである。

そうであれば、国民としては、裁判所を批判すべき場面が訪れたときにはしっかりと批判することができるように、普段から、裁判所に「情報操作」されないようにしておくことが肝要ということとなる。

曽我部教授は、先に挙げた論考において、「……一般に、裁判官あるいは裁判所に対する信頼には、いわば積極的なものと消極的なものがありうるところ、日本では後者が非常に重視されている」と述べたうえで、「すなわち、日本における国民の信頼とは、国民の多くは裁判所に対する知識や関心を持ち合わせてはいないものの、任せておけば安心だという漠然としたものであろう」[(5)]としている。[(4)]曽我部教授はさらに、法社会学者のダニエル・H・フット東京大学教授の著書に言及し、裁判官は、「不適切とみられる恐れがあることはできる限り避け」る傾向にあると引用している。日本の裁判官は、社会との接触自体を避け、また、自らの人となり自体をわからないようにする。前節でも言及したとおり、高度な自己規律が求められるのである。

裁判官を秘密のベールに包み込むことによる「情報操作」は概ね成功しており、国民は、姿の見えない裁判官について、品行方正の塊のような人間であるという信仰に近い確信をもっている。たとえば、フジテレビの番組「とくダネ!」の司会の小倉智昭氏は、「裁判官って、ものすごくキチンとした生活をしていないとだめなわけで、プロ野球でどこの球団が好きとかも言わないんですよね」と述べている。[(6)]

「高貴な裁判官様」に裁かれたいという発想

また、この「情報操作」の結果として、裁判官が外部にその姿を現わすことに強い抵抗感を示す国民もけっこう多い。岡口分限裁判の報道がされた際に、ネット上にはそうした意見が散見された。「高貴な裁判官様は普段は雲の上にいて裁判のときだけ姿を現して下さい」ということである。そういう裁判官にこそ「裁かれたい」という声がネットに現れたが、この「裁かれたい」という表現自体が、国民の「受け身」化を雄弁に物語っている。

しかし、秘密のベールに包まれた「裁判官様」だから正しい判断をするであろうという思考回路は、古代において裁判官が神格化されていた頃と変わらない。人類はそれから二〇〇〇年以上を経て、科学的・合理的な裁判によって真実を発見し法律を適用することを可能にしている。

裁判の信頼は、裁判官を秘密のベールに包むことで消極的に得るものではなく、事後の検証が可能な科学的・合理的な判決理由を示すことで、その内容の説得力によって勝ち取るものである。それが近代国家である。

ところが、最高裁判事の「王様」化はこれに完全に逆行している。判断の省略により内容を事後的に検証できないうえ、検証できる部分でも科学的・合理的ではない認定がされているのだから。

そこで、国民の側も、裁判所を消極的に信頼するだけでなく、司法に関心をもち、最高裁判決を検証するなどして積極的に信頼しようとすることが必要である。それは最高裁判事の「王様」化の抑止にもつながる。そういう観点から、私はＡＩによる判決評価サービスの誕生に期待している。

ＡＩに期待できること

法曹界においてもＡＩの活用が図られるようになり、業界団体である「LegalTech 協会」も立ち上がったが、その過程でわかってきたことは、現段階ではＡＩは非定型的な日本語の文章を作成するのは得意ではないということである。ＡＩによる契約書作成をうたっているサービスも、実際にはまだ多くの部分を人力に頼っている。

他方、ＡＩは完成した文書を解析するのは大変に得意である。そのため、できあがった契約書をチェックするＡＩサービスは、実用化の一歩手前にまで迫っている。

法曹向けとして次に期待されているのは裁判文書についてのＡＩサービスであるが、ここでも、ＡＩが裁判文書を作成するのではなく、できあがった裁判文書をＡＩがチェックすることが先行しそうである。できあがった訴状、答弁書等をＡＩがチェックして、欠落している論点や参考となる裁判例を教えてくれたりするのである。

判決書は、定型性が高いことから、ＡＩによるチェックや評価がさらに容易である。判決書をＡＩにチェックさせて、上訴すべきか否かのアドバイスするなどのビジネスをする一方で、最高裁判決の評価をネット上で公開するということも考えられよう。

裁判官の情報発信は国民のチャンスでもある

また、国民が、「秘密のベール作戦」による裁判所の「情報操作」に対抗するためには、裁判官や裁判所の情報を収集して、司法の知識をもつことも重要である。

一つは、最高裁に対し「司法行政文書開示申出」をするという方法がある。開示が拒否されても、それに対して苦情の申出(審査請求)をすることができる。第三者機関である「情報公開・個人情報保護審査委員会」が関与しているため、開示拒否の判断が撤回されることもあり、最近では、『北方ジャーナル』の記者が、一部開示された文書(ことごとく黒塗り処理され、〝海苔弁当〟化していた)について審査請求を行ったところ、三〇〇カ所を超える部分が開示された[7]。大阪弁護士会所属の山中理司弁護士は、最高裁に対し果敢に情報公開請求を繰り返している。公開できないとの回答がされることも多いようだが、より多くの法律家、そして国民が情報の開示を求めれば、その声は無視できなくなるだろう。

そして、国民は、少なくとも、「秘密のベールに包まれた裁判官は信頼できる」という古代的な発想はもたないようにすべきである。しっかりと手続保障をした訴訟指揮をして、科学的・合理的な判決理由を示すことができる裁判官であれば、たとえ、オフの生活での人間くささが丸わかりになっていてもまったく構わないはずである。

さらに、裁判官がツイッターなどで情報発信をし始めたときは、それを拒絶するのではなく、その裁判官を知る絶好のチャンスととらえるべきである。先述のフット教授は、アメリカでは「裁判官がしばしば人目に触れるという事実は、市民が彼らの活動を審査することを容易にし、裁判所への信頼を促進すると考えられている。……要するに、日本では司法への市民の信頼を脅かすと思われている要因は、合衆国では市民の信頼を増大させるものとみなされている」とも述べている[(8)]。情報発信の中からその裁判官の人となりが自ずと現れるからであろう。その裁判官のツイートを国民がコメント欄で正すことで、その裁判官の頭の中を国民が軌道修正させることもできる。なお、ツイッターでは、大震災などの際に、携帯電話のメールではできない所在の確認ができるから、安全確認の手段として裁判官全員にツイッターの利用を義務づけてもいいくらいである。

古代の裁判に?

日本の司法は未成熟のままであるとか中世のような状況であるなどといわれ続けて久しいが、現在の最高裁は、中世から近代に向かっているどころか、むしろ古代の裁判所になろうとしているようにも思われる。そして、それを可能にしている背景については、前章まで説明を続けてきたところであるが、実は、その最大の要因は、国民が裁判所によって完全に「情報操作」されてしまっていることなのかもしれない。そうだとすると、何よりもまず国民がその「情報操作」から目を覚ますことが必要ということになる。

裁判は、実際に国民が関わることになる手続である。誰にでも、不当に訴えられたり、無実の罪を着せられて冤罪の被害を受ける可能性がある。今回、最高裁という巨大権力者によって、あり得ないような決定がされ、不利益処分を受ける羽目になったのは私であるが、次に犠牲になるのは、この本を読んでいるあなたかもしれないのである。

（1）ワイロの相場は訴額の八％ともいわれている。吉村弦弁護士のご指摘による。
（2）園尾隆司「〈金融商事の目〉ADRの進展にみる国際化との調和のための研究課題」金融・商事判例二〇一七年八月一日（一五二二）号一頁。
（3）御厨編前掲書（第Ⅲ部4章注6参照）二三五頁。
（4）曽我部前掲論考（第Ⅲ部6章注4参照）。
（5）ダニエル・H・フット著、溜箭将之訳『名もない顔もない司法——日本の裁判は変わるのか』（二〇〇七年、NTT出版）二八頁。
（6）「裁判官どの、それって違法です！」JCASTニューステレビウォッチ。
https://www.j-cast.com/tv/2016/06/28270859.html
（7）「最高裁、3年越しの前言撤回」北方ジャーナル二〇一九年一月号一六〜一九頁。
（8）フット前掲書四四〜四五頁。

エピローグ

岡口分限裁判は、裁判所当局が、組織防衛のために、「王様」の力を使って、裁判官による情報発信をやめさせて、裁判所の「消極的信頼」を維持しようとしたものであったといえる。

ところが、岡口分限決定の事実認定や手続保障は、かえって裁判所の信頼を大きく損ねる結果となった。岡口分限決定に落胆した旨をネット上で明らかにした法曹や司法修習生も少なくない。

しかも、裁判所当局は、分限裁判という最後の手段まで使ったにもかかわらず、その裁判官の情報発信を止めることができなかった。その裁判官は、戒告処分を受けた後も、変わらずネットでの情報発信を続けている。

そもそも、裁判官を秘密のベールに包むことで裁判所が国民の消極的信頼を得るというこれまでの「情報操作」の手法は、今後も続けていくべきものなのだろうか。

たしかに、消極的な信頼さえ得ておけば、国民は、正しい裁判がされていると漠然と信じ、司法に無関心となるから、最高裁の「王様」化を国民に知られずに済むという利点はある。

その一方で、曽我部真裕教授の議論(第Ⅲ部6章注4参照)を紹介してきたように、裁判所が組織防衛のため裁判官に高度な自己規律を求めることは、それを窮屈とは感じない、「同質的な裁判官集団」の形成に繋がる。そして、同教授は、「政治部門が活性化している今日、裁判所による統制の必要性はかつてなく高まっている」とも指摘するが、そうした同質性のあるおとなしい裁判官集団のままでよいのであろうか。

行政を追認するだけの裁判官しかいない状況になっても、裁判所の組織防衛という点では何の問題も起きないであろう。しかし、それで本当に司法の存在意義はあるのか。政治部門が活性化している時代には、司法がより積極的な判断を示すことが求められているのである。

日本は「お上主権」国家のままであるといわれている。「国民主権」を高らかにうたった日本国憲法ができてから七〇年以上が経過したが、法律をつくるため草の根で活動し、やがて議員にも働きかける汗をかこうとする国民はごく一部に限られているといわざるを得ない。国民の大半は、自分たちが何もしなくても、自分たちの役に立つ法律は「お上」が全部つくってくれると信じているのである。

国民が司法に関心をもとうとしないのは、最高裁が、本当の意味で国家の基本に関わるような判断をせず（御厨編前掲書二三六頁、第Ⅲ部4章注6参照）、国民生活に広く影響を与えるような問題について積極的な判断を行うこともあまりない（泉ほか前掲書二六五頁、第Ⅲ部3章注1参照）という理由もあるのだろうが、そのほかに、国民が裁判官も「お上」の一種と思っていることもあるのかもしれない。「お上」は、必ず正しい判断をしてくれるから、国民が司法を監視・制御する必要はないと信じているということである。

そうした状況に国民が甘んじているうちに、政治部門でも司法部門でも「お上」が「王様」化するリスクは常にある。

しかも、国民は、裁判の当事者となることがあり、そのときになって初めて自分の目の前にいるのは「王様」であることを知るのである。

このように、国民が裁判所を消極的に信頼するだけの状況を続けることは、これからの時代では、司法にとっても国民にとっても大いに問題がありそうである。

そこで、今後、目指されるべきであるのは「司法の積極的信頼」ということになるが、これを実現するためには、裁判官側としては、秘密のベールに身を隠すのではなく、アメリカのように、

「雲の下」に降りてきて国民と交流することが求められることになる。

他方、国民側としては、司法への積極的な関心をもつことが求められる。たとえば、判決・決定については、結論だけを見るのではなく、その判断に説得力があること、すなわち、判決・決定理由において事後の検証が可能な、科学的・合理的な判断がされていることまで確認するようにすべきである。そうすれば、最高裁判事は「王様」ではいられなくなるし、憲法判断を回避することもできなくなる。違憲審査基準を用いた、司法試験受験生も納得する判決がされるようになるであろう。それは、かつて時の権力者によって破壊され、失われたままになっている「裁判所の春」が、五〇年以上の月日を経てようやく復活するということでもある。

さらに、多数派の意に沿わない判決内容であっても、それが司法の役割を果たしたものと一定数の国民が評価し、受け入れるまでになれば、三権分立や司法権の独立が、本当の意味でこの国に根づいたということができよう。

国民の支持に守られた司法は、今よりもよほど強い組織となり、他の二権がむやみに司法に介入することもなくなる。司法も政治部門に対し積極的な判断を示すことができるようになるだろう。国民の司法への信頼が、消極的信頼から積極的信頼に変わることは、実は司法にとってもいいことずくめの結果をもたらすのである。

なお、司法を消極的に信頼しているだけの国民の目を覚まさせる方法としては、たとえば、男性裁判官が自らの白ブリーフ一丁の画像をツイッターにアップすることなどが考えられよう。

最後になったが、本書の作成には、岩波書店の堀由貴子氏に大変お世話になった。この場を借りて厚く感謝の意を申し上げたい。

また、古くから外部への情報発信を続けている「日本裁判官ネットワーク」のみなさん、匿名でSNS等による情報発信を続けている裁判官のみなさんにエールを送らせていただくとともに、それ以外の裁判官の方々が本書の問題意識を理解されたうえで情報発信を始められること、およびそれが国民と司法の双方にとって有益なものであると国民のみなさんに受け入れられることを祈念して、本書の執筆を終えたいと思う。

二〇一九年二月

岡口基一

追記

国会に設置されている裁判官訴追委員会は、二〇一九年二月一三日、私に呼出状を送付し、三月四日に同委員会に出頭するよう求めた。

私を対象とする訴追案件(第I部6章参照)は、実際には継続審議となったままで、岡口分限決定がされた後も、「訴追しない」などの理由で終了することなく続いていたのである。

無理矢理にでも岡口分限決定をしておけば、現職裁判官が裁判官訴追委員会に呼び出されるという最悪の事態は回避できるとしたのであろう最高裁当局の「読み」は完全に外れた。継続審議となっている案件には、他に三件あるようだが、現職裁判官が次々と国会に呼ばれるようなことになれば、裁判所にとっては、まさに悪夢の再現である。

他方、私にとって、この呼出しは、岡口分限裁判について再審理の機会を得たことを意味する。最高裁判所で行われた岡口分限裁判は、一次証拠が何一つ調べられずに、申立人側である吉崎事務局長が作成した報告書二通だけですべての事実を認定し、それにしたがって私に不利益処分が下された。これは裁判とは呼べないくらいの不当なものであったが、国会で行われる審理では、私に対する手続保障がされ、証拠に基づいて事実の認定がされ、それに即して判断がされる可能性があるからである。

裁判官訴追委員会における審理の内容など、その後の動きについては、本書の続編などで明らかにしたいと考えている。

(二〇一九年三月一日記)

岡口基一

1966年大分県生まれ．1990年東京大学法学部卒業．東京地方裁判所知的財産権部特例判事補，福岡地方裁判所行橋支部判事を経て，現在，東京高等裁判所判事．
著書に，『民事訴訟マニュアル――書式のポイントと実務 第2版』（上下巻，ぎょうせい，2015年），『要件事実問題集 第4版』（商事法務，2016年），『要件事実マニュアル 第5版』（全5巻，ぎょうせい，2016-2017年），『裁判官！ 当職そこが知りたかったのです。――民事訴訟がはかどる本』（中村真氏との共著，学陽書房，2017年），『要件事実入門 初級者編 第2版』（創耕舎，2018年），『裁判官は劣化しているのか』（羽鳥書店，2019年）．

最高裁に告ぐ

2019年3月27日　第1刷発行
2019年4月24日　第3刷発行

著　者　岡口基一《おかぐちきいち》

発行者　岡本　厚

発行所　株式会社 岩波書店
〒101-8002 東京都千代田区一ツ橋2-5-5
電話案内 03-5210-4000
https://www.iwanami.co.jp/

印刷・製本　法令印刷

ISBN 978-4-00-061331-6　Printed in Japan

巻末資料

最高裁「岡口分限決定」全文

2018(平成30)年10月17日　大法廷決定

平成30年(分)第1号　裁判官に対する懲戒申立て事件

http://www.courts.go.jp/app/files/hanrei_jp/055/088055_hanrei.pdf

---

主　　　文

被申立人を戒告する。

理　　　由

1　本件に至る経緯

(1)　被申立人は，平成6年4月13日付けで判事補に，同16年4月13日付けで判事に任命され，同27年4月1日から東京高等裁判所判事の職にあり，民事事件を担当している者である。

(2)　被申立人は，水戸地方・家庭裁判所下妻支部判事であった平成26年4月23日頃，ツイッター(インターネットを利用してツイートと呼ばれる140文字以内のメッセージ等を投稿することができる情報ネットワーク)上の被申立人の実名が付された自己のアカウント(以下「本件アカウント」という。)において，裁判官に任命された者に交付される辞令書である官記の写真と共に，自己の裸体の写真や白いブリーフのみを着用した状態の写真等を今後も投稿する旨の別紙ツイート目録記載1の投稿をし，その後も，同28年3月までの間に，本件アカウントにおいて，縄で縛られた上半身裸の男性の写真を付したコメントをするなど2件の投稿をした。東京高等裁判所長官は，同年6月21日，被申立人に対し，上記3件の投稿は裁判官の品位と裁判所に対する国民の信頼を傷つける行為であるとして，下級裁判所事務処理

規則21条に基づき，口頭による厳重注意をした。

(3) 被申立人は，平成29年12月13日頃，裁判官であることを他者から認識することができる状態で，本件アカウントにおいて，特定の性犯罪事件についての判決を閲覧することができる裁判所ウェブサイトのURL(利用者の求めに応じてインターネット上のウェブサイトを検索し，識別するための符号)と共に，「首を絞められて苦しむ女性の姿に性的興奮を覚える性癖を持った男」，「そんな男に，無惨にも殺されてしまった17歳の女性」と記載した投稿をして，被害者遺族の感情を傷つけるなどした。東京高等裁判所長官は，平成30年3月15日，被申立人に対し，上記の行為は，裁判官として不適切であるとともに，裁判所に対する国民の信頼を損なうものであるとして，下級裁判所事務処理規則21条に基づき，書面による厳重注意をした。

なお，被申立人は，上記投稿について東京高等裁判所長官から事情聴取を受けた際，遺族の方を傷つけて申し訳なかった，やってはいけないことをやってしまったという思いである，深く反省しているなどと述べていた。

2　懲戒の原因となる事実

被申立人は，平成30年5月17日頃，本件アカウントにおいて，東京高等裁判所で控訴審判決がされて確定した自己の担当外の事件である犬の返還請求等に関する民事訴訟についての報道記事を閲覧することができるウェブサイトにアクセスすることができるようにするとともに，別紙ツイート目録記載2の文言を記載した投稿(以下「本件ツイート」という。)をして，上記訴訟を提起して犬の返還請求が認められた当事者の感情を傷つけた。

本件ツイートは，本件アカウントにおける投稿が裁判官である被申立人によるものであることが不特定多数の者に知られている状況の下で行われたものであった。

3　証拠

上記1及び2の各事実は，①被申立人の履歴書，②東京高等裁判所事務局長作成の平成30年6月12日付け及び同年7月4日付け各報告書により，こ

れを認める。

なお，本件ツイートが裁判官によるものであると知られている状況の下で行われたことは，別紙ツイート目録記載１の投稿が被申立人の判事任命に係る官記の写真と共にされたことや，被申立人が平成30年２月頃，対談者の一方の表示を「裁判官岡口基一」とする対談本を紹介する投稿を本件アカウントにおいて行ったこと，前記１記載の各投稿及びこれに対する各厳重注意が裁判官による非違行為として実名で広く報道されたこと等から，明らかに認められる。

4　判断

(1)　裁判の公正，中立は，裁判ないしは裁判所に対する国民の信頼の基礎を成すものであり，裁判官は，公正，中立な審判者として裁判を行うことを職責とする者である。したがって，裁判官は，職務を遂行するに際してはもとより，職務を離れた私人としての生活においても，その職責と相いれないような行為をしてはならず，また，裁判所や裁判官に対する国民の信頼を傷つけることのないように，慎重に行動すべき義務を負っているものというべきである(最高裁平成13年(分)第３号同年３月30日大法廷決定・裁判集民事201号737頁参照)。

裁判所法49条も，裁判官が上記の義務を負っていることを踏まえて，「品位を辱める行状」を懲戒事由として定めたものと解されるから，同条にいう「品位を辱める行状」とは，職務上の行為であると，純然たる私的行為であるとを問わず，およそ裁判官に対する国民の信頼を損ね，又は裁判の公正を疑わせるような言動をいうものと解するのが相当である。

(2)　前記２の事実によれば，被申立人は，本件アカウントにおける自己の投稿が裁判官によるものであることが不特定多数の者に知られている状況の下で，本件アカウントにおいて，公園に置き去りにされた犬を保護して育てていた者に対してその飼い主が返還等を求める訴訟を提起したことについて，この行動と相いれないものとして上記飼い主の過去の行動を指摘しつつ，揶揄するものともとれる表現を用いて驚きと疑問を示すとともに，上記飼い主

による犬の返還請求を認めた判決が確定した旨を報ずる報道記事にアクセスすることができるようにした本件ツイートを行ったものである。そして，前記３②の証拠によれば，上記報道記事は専ら上記訴訟の被告側の視点に立って書かれたものであると認められるところ，本件ツイートには，上記飼い主が訴訟を提起するに至った事情を含む上記訴訟の事実関係や上記飼い主側の事情について言及するところはなく，上記飼い主の主張について被申立人がどのように検討したかに関しても何ら示されていない。また，別紙ツイート目録記載２のとおり，本件ツイートにおける上記驚きと疑問が，専ら上記訴訟の被告の言い分を要約して述べたにすぎないもの，あるいは上記報道記事の要約にすぎないものと理解されることとなるような記載はない上，上記報道記事にも本件ツイートで用いられたような表現は見当たらず，本件ツイートは，一般の閲覧者の普通の注意と閲覧の仕方とを基準とすれば，そのような訴訟を上記飼い主が提起すること自体が不当であると被申立人が考えていることを示すものと受け止めざるを得ないものである。現に，上記飼い主は，東京高等裁判所を訪れて，「え？あなた？この犬を捨てたんでしょ？ ３か月も放置しておきながら‥」との記載に傷つき，被申立人に抗議したいこと，本件ツイートの削除を求めること，裁判所としてこの問題にどのような対応をするのか知りたいこと等を述べ，本件ツイート削除後も，裁判所として被申立人を注意するよう述べたことが認められる（前記３②の証拠）。

そうすると，被申立人は，裁判官の職にあることが広く知られている状況の下で，判決が確定した担当外の民事訴訟事件に関し，その内容を十分に検討した形跡を示さず，表面的な情報のみを掲げて，私人である当該訴訟の原告が訴えを提起したことが不当であるとする一方的な評価を不特定多数の閲覧者に公然と伝えたものといえる。被申立人のこのような行為は，裁判官が，その職務を行うについて，表面的かつ一方的な情報や理解のみに基づき予断をもって判断をするのではないかという疑念を国民に与えるとともに，上記原告が訴訟を提起したことを揶揄するものともとれるその表現振りとあいまって，裁判を受ける権利を保障された私人である上記原告の訴訟提起行為を一方的に不当とする認識ないし評価を示すことで，当該原告の感情を傷つけ

るものであり，裁判官に対する国民の信頼を損ね，また裁判の公正を疑わせるものでもあるといわざるを得ない。

したがって，被申立人の上記行為は，裁判所法49条にいう「品位を辱める行状」に当たるというべきである。

なお，憲法上の表現の自由の保障は裁判官にも及び，裁判官も一市民としてその自由を有することは当然であるが，被申立人の上記行為は，表現の自由として裁判官に許容される限度を逸脱したものといわざるを得ないものであって，これが懲戒の対象となることは明らかである。また，そうである以上，本件申立てが，被申立人にツイッターにおける投稿をやめさせる手段として，あるいは被申立人がツイッターにおける投稿をやめることを誓約しなかったことを理由にされた不当なものということはできない。

そして，被申立人は，本件ツイートを行う以前に，本件アカウントにおける投稿によって裁判官の品位と裁判所に対する国民の信頼を傷つけたなどとして２度にわたる厳重注意を受けており，取り分け２度目の厳重注意は，訴訟に関係した私人の感情を傷つけるものである点で本件と類似する行為に対するものであった上，本件ツイートの僅か２か月前であったこと，当該厳重注意を受ける前の事情聴取の際，被申立人は，訴訟の関係者を傷つけたことについて深く反省しているなどと述べていたことにも照らすと，そのような経緯があるにもかかわらず，本件ツイートに及んだ被申立人の行為は，強く非難されるべきものというほかない。

よって，裁判官分限法２条の規定により被申立人を戒告することとし，裁判官全員一致の意見で，主文のとおり決定する。なお，裁判官山本庸幸，同林景一，同宮崎裕子の補足意見がある。

裁判官山本庸幸，同林景一，同宮崎裕子の補足意見は，次のとおりである。

私たちは，法廷意見に賛同するものであるが，それは，次のような考え方によるものである。

1　本件において懲戒の原因とされた事実は，ツイッターの本件アカウントにおける投稿が裁判官である被申立人によるものであることが不特定多数の者に知られている状況の下で，本件で取り上げられた訴訟につき，主とし

て当該訴訟の被告側の主張を紹介する報道記事にアクセスすることができるようにするとともに，揶揄するような表現で間接的に当該訴訟の原告の提訴行為を非難し，原告の感情を傷つけたというものであって，このような行為は，公正中立を旨とすべき裁判官として，不適切かつ軽率な行為であると考える次第である。被申立人は，本件ツイートは，報道記事を要約しただけのものであって原告の感情を傷つけるものではないなどと主張しているが，本件ツイートのアクセス先の報道記事全体が主として被告側の主張を紹介するものであることは文面から容易に読み取れるため，それについて本件ツイートのような表現でツイートをすれば，現役裁判官が原告の提訴行為を揶揄している投稿であると受け止められてもやむを得ないというべきである。

2　しかも被申立人は，本件に先立つ2年余りの間に，本件アカウントにおいて行ったいくつかの投稿の内容につき，東京高等裁判所長官から，2度にわたって，裁判官の品位と裁判所に対する国民の信頼を傷つける行為であるなどとして，口頭又は書面による厳重注意を受けている。

中でも，2度目の厳重注意を受けた投稿は，特定の性犯罪に係る刑事訴訟事件の判決について行ったもので，本件ツイート以上に明白かつ著しく訴訟関係者(被害者遺族)の感情を傷つけるものであった。その意味で，私たちは，これは本件ツイートよりも悪質であって，裁判官として全くもって不適切であり，裁判所に対する国民の信頼をいたく傷つける行為であるとして，それ自体で懲戒に値するものではなかったかとも考えるものである。しかしながら，これに関する東京高等裁判所長官による事情聴取に対して，被申立人は，「遺族の方を傷つけて申し訳なかった…深く反省している。」と申し述べていたことからして，おそらく当時の東京高等裁判所長官としては，この反省を踏まえて，あえて厳重注意にとどめたのではないかと推察する次第である。

3　このような経緯を踏まえれば，本件アカウントにおいて，この2度目の厳重注意から僅か2か月余りしか経過していない時に，やはり特定の訴訟について訴訟関係者の感情を傷つける投稿を再び行ったということには，もはや宥恕の余地はないものといわざるを得ない。本件ツイートと2度目の厳重注意事案との悪質性の比較は措くとしても，懲戒処分相当性の判断に当た

り，本件ツイートは，いわば「the last straw」(ラクダの背に限度いっぱいの荷が載せられているときは，麦わら一本積み増しても，重みに耐えかねて背中が折れてしまうという話から，限界を超えさせるものの例え)ともいうべきものであろう。

4　なお，被申立人は，厳重注意措置の対象となった過去の投稿に係る一事不再理を主張する。しかしながら，本件の処分理由は，過去の行為そのものを蒸し返して再度問題にするものではない。そうではなくて，過去２回受けた厳重注意と，特に，２度目の厳重注意を受けた際の反省の弁にもかかわらず，僅か２か月余りが経過したばかりで同種同様の行為を再び行ったことを問題としているものである。

5　ちなみに，現役裁判官が，ツイッターにせよ何にせよ，SNSその他の表現手段によってその思うところを表現することは，憲法の保障する表現の自由によって保護されるべきであることは，いうまでもない。しかしながら，裁判官はその職責上，品位を保持し，裁判については公正中立の立場で臨むことなどによって，国民の信頼を得ることが何よりも求められている。本件のように，裁判官であることが広く知られている状況の下で表現行為を行う場合には，そのような国民の信頼を損なうものとならないよう，その内容，表現の選択において，取り分け自己を律するべきであると考える。

そして，そのような意味での一定の節度あるいは限度というものはあるものの，裁判官も，一国民として自由な表現を行うということ自体は制限されていないのであるから，本件のような事例によって一国民としての裁判官の発信が無用に萎縮することのないように，念のため申し添える次第である。

（裁判長裁判官 大谷直人　裁判官 岡部喜代子　裁判官 鬼丸かおる
裁判官 山本庸幸　裁判官 山崎敏充　裁判官 池上政幸　裁判官 小池 裕
裁判官 木澤克之　裁判官 菅野博之　裁判官 山口 厚　裁判官 林 景一
裁判官 宮崎裕子　裁判官 深山卓也　裁判官 三浦 守）

（別紙）

ツイート目録

1　判事任命の官記の写真１枚と共に，「俺が再任されたことを，内閣の人が，習字で書いてくれたよ。これを励みにして，これからも，エロエロツイートとか頑張るね。自分の裸写真とか，白ブリーフ一丁写真とかも，どんどんアップしますね。」などと記載したツイート

2　公園に放置されていた犬を保護し育てていたら，３か月くらい経って，もとの飼い主が名乗り出てきて，「返して下さい」
え？あなた？この犬を捨てたんでしょ？ ３か月も放置しておきながら‥
裁判の結果は‥